Helga Anton
Unter Gottes Augen leben

W0053388

Ein Erlebnis hat mich, als ich sechs Jahre alt war, ganz besonders geprägt. Ich war an einem Sonntag morgens zu meiner Mutter ins Bett gekrochen, und da sang sie mir ein Lied vor:

> *«Eine kleine Geige möcht' ich haben,*
> *eine kleine Geige hätt' ich gern.*
> *Alle Tage spielt' ich mir*
> *zwei, drei Stückchen oder vier.»*

Oh, dieses Lied machte mir Spaß, und da ich sehr musikalisch war und sehr schnell begriff, sang ich das Lied bald mit. Und meine Mutter sagte: «Geh doch mal runter zu Vati, und sing ihm dieses Lied vor.»

Rasch lief ich hinunter, und mein Vater stand – mit auf dem Rücken verschränkten Händen – vor mir und schaute schmunzelnd auf mich kleines Wesen herab, während ich ihm dieses Lied vorsang.

«Möchtest du wirklich eine kleine Geige haben?» fragte er, und ich erschrak, denn ich merkte ihm an, daß er sich meine Zustimmung sehnlichst wünschte.

Nein, das war nun gar nicht meine Absicht. Ich wollte ihm ja nur dieses Lied vorsingen. Aber ich hatte meinen Vater viel zu lieb, um ihm etwas abzuschlagen, denn Vater und ich hatten das beste Verhältnis miteinander. Und so sagte ich halb verlegen und sehr gedehnt: «Jaaa ...»

Da holte er hinter seinem Rücken eine kleine Geige hervor, und ich war plötzlich im Besitz eines solchen Instruments.

Hier schon wurden wahrscheinlich die Weichen für den weiteren Verlauf meines Lebens gestellt. Meine Antwort kam gewiß deshalb so zögerlich, weil ich genau wußte, was es bedeutete, ein Instrument zu spielen: üben, üben und nochmals üben.

Meine große Musikalität war sicher eine Gabe Gottes, die meine Eltern sehr früh erkannten. Aber für mich bedeutete es damals, Pflichten auf mich zu nehmen, Disziplin zu üben und intensiv zu arbeiten.

Üben, das war hart.

Mein Vater war Rektor einer Schule und gleichzeitig, wie es damals oft der Fall war, Organist in der nahen Kirche. Für diesen Dienst hatte er sich ein Orchester herangezogen, in dem ich schon bald als Kind mitspielen durfte. Wir musizierten viel in den Gottesdiensten, bei kirchenmusikalischen Veranstaltungen wirkten wir mit, und es zeichnete sich allmählich ab, daß sich da ein beruflicher Weg für mich auftat. Folglich begann ich mein Musikstudium in Hamburg.

Von Gott hatte ich allerdings nur eine sehr vage Vorstellung. Daß es einen Gott gibt, ja, das war mir klar. Schließlich war mein Vater Organist und spielte laufend im Gottesdienst, und wir musizierten dabei. Aber eine größere Bedeutung habe ich diesem Gott damals nicht zugemessen. Schließlich bestimmte *ich* ja mein Leben. *Ich* wußte, was *ich* zu tun und zu lassen hatte, und handelte nach meinem eigenen Willen. So meinte ich jedenfalls.

Inzwischen war der Krieg ausgebrochen, und damit fand die sorglose und behütete Zeit in meinem wohlgeordneten, liebevollen Elternhaus ein jähes Ende. Wie alle Jugendlichen wurde auch ich zum Kriegseinsatz geholt. «Truppenbetreuung» hieß mein Auftrag. Truppenbetreuung? – Ja, das war aufgrund meiner Ausbildung als Geigerin der mir zugedachte «Verwendungszweck». Schließlich waren die Soldaten, die im Einsatz waren, oft Monate, ja manchmal über ein Jahr lang von zu Hause weg, und deshalb wurde ihnen durch Gruppen, die für sie sangen, musizierten oder andere abwechslungsreiche Programme boten, zuweilen eine Freude bereitet.

So wurde also in Hamburg eine Gruppe zusammengestellt, zu der ein Pianist, zwei Sängerinnen, ich als Geigerin und ein Zauberkünstler gehörten, und man plante für uns eine Tournee in den Osten.

Wie Sie sich bei dieser Besetzung vorstellen können, hatten wir recht abwechslungsreiche Programme erarbeitet und viel geprobt.

Mit gespannter Erwartung und doch sehr gemischten Gefühlen sah ich diesem Ereignis entgegen. Was wußte ich schon von Rußland? Ich, die ich in einer kleinen Marschenstadt aufgewachsen war und von der mein Vater in liebevoller Fürsorge alles Negative möglichst ferngehalten hatte: Was wußte ich schon von der Realität des Krieges? Ich, ein neunzehnjähriges junges Mädchen!

Damals gab es kein Fernsehen. Man hörte höchstens Nachrichten im Volksempfänger, und die waren auch noch frisiert.

Den ersten Schrecken unseres Unternehmens erlebten wir in Berlin.

Vor einer Jury mußten wir unsere Programme vortragen. Wir wurden geprüft – und unsere beiden Sängerinnen fielen durch! Da wurden wir restlichen drei vor die Frage gestellt: «Machen Sie weiter, allerdings unter anderen Bedingungen?»

Als so kleine Truppe sollten wir nicht mehr wie ursprünglich geplant im Hinterland eingesetzt werden, sondern vorne an der Front.

Die beiden Männer waren dazu sofort bereit, aber in mir tobte ein Kampf. Was wird man in unserer kleinen Stadt, wo jeder den anderen genau kennt, bloß sagen, wenn ich jetzt zurückkomme? Dann bin ich doch die Blamierte. Da bin ich doch die, die durchgefallen ist, die nichts kann. Man wird über mich lachen und spotten. Nein, diese Blamage wollte ich nicht auf mich nehmen. Das ließ mein Stolz nicht zu. Also sagte auch ich ja.

Erst mehrere Jahrzehnte später erkannte ich, daß Jesus da zum erstenmal in mein Leben eingreifen wollte, daß Er mir eine Brücke gebaut hatte, von diesem so furchtbaren Weg zurückzutreten. Er ist also immer dagewesen und hat mich mit seinen Augen geleitet. Und ich habe diese Liebe nicht erkannt und sie achtlos, aus falschem Stolz, zurückgewiesen. Oh, wie war ich töricht!

Als wir nach tage- und nächtelanger Fahrt endlich aus dem Waggon steigen durften, befanden wir uns tatsächlich mitten in der Frontlinie. Es war stockfinstere Nacht. Nur das Aufblitzen der Geschosse beinahe rund um uns herum zeigte uns den Verlauf der Front.

Ich denke, es ist nicht der Sinn dieses Buches, über Kriegserlebnisse zu berichten. Über dieses Thema ist schon sehr viel geschrieben worden. Mir ist es wichtig zu zeigen, wie Gott mich in den vielen Gefahren, denen wir fast täglich ausgesetzt waren, beschützt hat. Und ich war so töricht und erkannte seine Gegenwart immer noch nicht. Dabei hat Er mich mit seinen Augen so wunderbar geleitet, trotz meines Ungehorsams. Wie kann ich da dankbar sein!

Eines Tages wurden wir zu einem Einsatz an den Wolchow gefahren. Die deutsche Front verlief am Westufer dieses Flusses, die Russen standen gegenüber am Ostufer. Und in der Mitte des Flusses befanden sich kleine Inseln, auf denen die Deutschen Befestigungen und kleine Bunker gebaut hatten und als sogenannte vorgeschobene Posten Wache hielten.

Zu so einer Insel fuhren wir mit dem Schlauchboot über das Wasser, um den Soldaten, die dort ihren Dienst taten, auch eine Freude zu bereiten. Wir spielten unser Programm und traten nach der Darbietung wieder aus dem Bunker heraus in den Laufgraben. Gerade sind wir draußen im Graben, da geht der Bunker hoch – Volltreffer der Russen. Da sich Schallwellen auf der Wasseroberfläche bekanntlich besonders gut ausbreiten, müssen die Russen am Ostufer des Flusses die Musik gehört, sich mittlerweile eingeschossen und schließlich diesen Volltreffer gelandet haben. Die Rückfahrt im Schlauchboot erfolgte natürlich auch unter Beschuß, aber der Herr hat uns sicher ans Ufer gebracht.

Wie konnten wir dankbar sein. «Glück gehabt!» sagten wir damals, wie auch mancher heute noch sagt. Aber nein, es war Gott, der uns bewahrt hat. Das erkenne ich längst, seit ich Christ bin. Er hat seine Hand dazwischengehalten, so daß wir nicht getroffen wurden und unversehrt wieder heimgekommen sind.

Ein anderes Mal kamen wir am späten Nachmittag zu einer Einheit, um dort am Abend wieder eine Vorstellung zu geben. Die Soldaten waren gerade auf dem Platz vor den Baracken versammelt, als der Kommandeur uns sah. Blankes Entsetzen sprach aus seinen Zügen.

«Was, Sie kommen? Ich habe Sie doch abbestellt!»

Er hatte bei unserer vorigen Einheit angerufen und abgesagt. Es sei unmöglich, daß wir kämen. In der Nacht wurde nämlich ein Angriff der Russen erwartet, und die Munition wurde gerade an die Soldaten ausgegeben. Er war ratlos.

«Was mache ich bloß mit Ihnen?»

Es bestand keine Möglichkeit, uns von dort wegzubringen – wir mußten bleiben. Und so bat ich den Kommandeur, wenn der Russe durchbrechen sollte, möchte er mich doch erschießen. Auf keinen Fall wollte ich in russische Gefangenschaft geraten. Das wäre für mich das Schlimmste gewesen. Und so nahm ich ihm dieses Versprechen ab. Als ich in der Baracke war, setzte ich mich hin, um einen letzten Brief zu schreiben. Meine Angehörigen mußten ja schließlich wissen, wo ich geblieben war. Aber an wen sollte ich schreiben? Für meine Eltern wäre diese Nachricht zu hart gewesen. Das konnte ich ihnen nicht antun. Also schrieb ich an meine Schwester. Ich schilderte ihr kurz die Situation, auch die Gegend, in der wir uns befanden, und bat sie, falls ich nicht zurückkommen würde, meinen Eltern diese Nachricht möglichst schonend beizubringen.

Der Angriff kam, aber die Front hielt. Der Durchbruch gelang nicht. So konnten wir am nächsten Morgen mit dem ersten Verwundetentransport die Rückfahrt zum nächsten Hauptverbandsplatz antreten. Und diese Rückfahrt war wohl das Erschütterndste, was ich je erlebt habe. Da lagen die Soldaten auf dem Boden des Waggons. Gestern noch kerngesund, jetzt schwer verwundet, sterbend.

Vor Schmerzen schrien sie, mit zerfetzten Gliedern und Bauchschüssen. Und sie baten um Wasser, doch wir hatten nichts. Nicht helfen zu können in so einer Situation, machtlos dazustehen vor diesem Leid, kein trostvolles Wort zu haben und die Schmerzen mit nichts lindern zu können – so eine Hilflosigkeit ist grausam. Was nützte da bloßes Mitleid? Wie wäre es tröstlich gewesen, wenn ich den Soldaten Jesus verkündigt und ihnen die einzig rettende Botschaft gebracht hätte! Vielleicht hätten noch einige zum Herrn gefunden. Was wäre das für eine Hilfe gewesen, wenn ich mit ihnen hätte beten können und ihre Leiden und Schmerzen Jesus hingelegt hätte!

Heute stehe ich in diesem Dienst – doch damals habe ich bitter versagt. Wie hätte ich auch diesen Dienst tun können, da ich doch selbst Jesus nicht hatte. Wenn ich an diese Stunden zurückdenke, wird mir immer wieder meine Hilflosigkeit, ja meine Ohnmacht bewußt. Ohne Jesus können wir nichts tun (Johannes 15,5).

Ich habe diese große Schuld, mein ganzes Versagen vor Jesus gebracht, und ich weiß, Er hat es mir vergeben. Aber es ist doch so: Wenn auch die Sünde uns vergeben ist, so müssen wir doch die Folgen unserer Schuld auf uns nehmen und tragen. Damit müssen wir leben. Und diese Last drückt manchmal schwer.

Ich danke dem Herrn aus tiefstem Herzen, daß Er mich auch in diesem dunklen Kapitel meiner Vergangenheit nicht aus den Augen gelassen hat. Und ich danke meinem Vater, von dem ich weiß, daß er ständig für mich gebetet hat. Dieses Bewußtsein, diese Gewißheit ist etwas unendlich Kostbares.

Nach meiner Heimkehr konnte ich meine Studien wieder aufnehmen und heiratete sehr bald. Eine entscheidende Wende in meinem weiteren Leben begann an einem wunderschönen Sommertag Ende August 1944. Es war herrlich warm, die Sonne schien, und ich stand draußen auf dem Hof meines Elternhauses und putzte die Schuhe. Mein kleiner Sohn, der inzwischen geboren worden war, saß im Kinderwagen neben mir. Da kam die Postbotin, und ich sah in ihrer Hand einen Brief von meinem Mann und war voller Freude. Doch als ich den Brief annahm, war es, als träfe mich ein Schlag: «Dies ist der letzte Brief!» In mir bäumte sich alles auf. Nein, das durfte nicht sein. Das konnte nicht sein. Ich wußte doch, in dem Frontabschnitt, in dem mein Mann gerade lag, fanden im Moment keine Kämpfe statt. Da war doch Ruhe! So beruhigte ich mich selbst. Doch unsicher geworden, hörte ich am Mittag die Nachrichten im Radio. Und es war, als stände mein Herz still: Genau in dem besagten Abschnitt waren neue Kämpfe entbrannt, und im Hinterland war der Feind durchgestoßen und hatte den ganzen Bereich abgeschnitten. So war also die ganze Division eingeschlossen.

Können Sie sich meine Angst, meine Not vorstellen?

Es war tatsächlich der letzte Brief, den ich je von meinem Mann bekommen habe. Aber ich wollte nicht wahrhaben, was geschehen war. Und so schrieb ich Tag für Tag lange Briefe. Meine ganze Not, meine Verzweiflung, meine Sorgen, meine Fragen, alles schrieb ich in diese Briefe hinein. Und sie kamen alle zurück.

Bis der Krieg zu Ende war, habe ich geschrieben. Meine Lage war hoffnungslos. Wo war mein Mann?

Ich wandte mich an Suchdienste hier in Deutschland, in Rußland. Nichts. Nirgends erhielt ich eine Antwort. Dann kamen die ersten Kriegsgefangenen zurück nach Hause, und ich schöpfte natürlich wieder Hoffnung. Im Radio wurden lange Listen verlesen, ich hockte davor, aber mein Mann war nicht dabei. Dann versank ich wieder in tiefe Angst und Verzweiflung. Wieder kamen Kriegsgefangene, und neue Hoffnung brach auf. Wieder nichts, wieder der Absturz ins Bodenlose. So ging es Jahr für Jahr.

Ich weiß nicht, ob jemand, der das nicht durchgemacht hat, sich überhaupt vorstellen kann, was es heißt: vermißt.

Wenn ich gewußt hätte, mein Mann ist tot, dann hätte mir das furchtbar weh getan, aber ich hätte wenigstens nicht in dieser Ungewißheit zwischen Hoffnung und Hoffnungslosigkeit gelebt. Ich wurde ja immer wieder zwischen diesen beiden Extremen hin- und hergeschleudert.

Acht unerträgliche Jahre lang ging es so. Dann fuhr 1952 unser Bundeskanzler Konrad Adenauer nach Rußland und verhandelte, damit die letzten Kriegsgefangenen endlich entlassen würden. Aber wieder war mein Mann nicht dabei.

Da brach ich zusammen.

Diese jahrelangen seelischen Belastungen hatte mein Herz nicht mehr ausgehalten. Mit Herzmuskel- und Herzbeutelentzündungen wurde ich ins Krankenhaus eingeliefert. Die Ärzte bekamen die Krankheit monatelang nicht in den Griff. Mein Herz reagierte nicht mehr. Es kamen eine doppelseitige Rippenfellentzündung dazu, eine Lungenentzündung und schließlich vom langen Liegen eine Thrombose. Ich war auf der Station der absolut hoffnungslose Fall. Ich bin heute noch dankbar für die beiden Ärzte, die sich meiner in wirklich liebevoller Fürsorge annahmen und sich mit großer Geduld bemühten, mich zu heilen.

Als es mit mir immer mehr bergab ging, begann der Oberarzt sogar, seine schriftlichen Arbeiten in meinem Zimmer zu erledigen, um mich ständig unter Kontrolle zu haben. Er war ein großer Musikliebhaber. Und da ich ja Geigerin war, erkannte er wohl, daß Musik mir helfen würde, um gesund zu werden. So kam er oft am Sonntag oder an sonstigen Festtagen, sogar an Weihnachten, mit seinem Plattenspieler in mein Krankenzimmer und spielte mir Werke klassischer Musik und vor allem Stücke von Johann Sebastian Bach vor. Oder er brachte mir Partituren von größeren Werken, so daß ich beim Lesen mit meinem inneren Ohr die

Musik hören konnte. Diese fürsorgliche Liebe tat mir unendlich gut. Und so fand ich allmählich aus der Flut des Hin- und Hergerissenseins wieder zurück in eine gewisse Geborgenheit.

Ein Verwandter dieses Arztes war Maler, und so kam er oft am Wochenende und hängte stets neue Bilder in mein Zimmer, die ich dann lange in Ruhe betrachten konnte. Das war die beste Therapie für mich. Und, was kein Mensch erwartet hatte, ich wurde wieder gesund. Sieben Monate hatte ich im Krankenhaus gelegen.

Aber nun war mir das Leben wieder neu geschenkt worden. Ein wirkliches Wunder hatte Gott an mir getan.

Später fragte mich ein Pastor, warum ich denn nicht zum Gottesdienst käme. Ich hätte doch allen Grund, dankbar zu sein, weil ich wieder gesund geworden sei. Aber ich konnte nur antworten: «Ich habe wohl erkannt – in der Musik, in der Malerei, in der Natur –, daß es einen Gott geben muß.» Aber ich lief Gefahr, die Schöpfung mit dem Schöpfer zu verwechseln. Und gefunden hatte ich ihn immer noch nicht.

Wenn ich heute zurückschaue auf diesen ersten Abschnitt meines Lebens, erfüllt mich eine ganz tiefe Dankbarkeit. Der Herr war da, Er war wirklich immer da. Auch wenn ich es nicht erkannte und immer wieder meine eigenen Wege ging. Er ließ mich nicht los. Er hat mich mit seinen Augen geleitet und auf allen Irrwegen beschützt und bewahrt.

Was ist das für ein Gott!

Das Bekennen meiner Schuld und ein Neuanfang

Was jetzt begann, bezeichne ich gern als mein «zweites Leben».

Es war ein völliger Neuanfang. Schließlich mußte ich mir eine Existenz aufbauen, da ich ja auch für meinen kleinen Sohn zu sorgen hatte. So entschloß ich mich, nach Itzehoe zu ziehen, einer Stadt mit etwa fünfunddreißigtausend Einwohnern. Dort versprach ich mir als Geigenlehrerin eine Chance, weil da die Nachfrage nach Geigenunterricht größer sein würde als in einer kleinen Stadt.

Meine Rechnung ging auf, und bald kamen die Schüler. Außerdem konnte ich von dort meine Konzerttätigkeit ausbauen. Allerdings war auch die Konkurrenz da. Wie es in freien Berufen so üblich ist, hieß es für mich wieder üben, fleißig üben. Tagsüber beanspruchte mich mein Sohn, außerdem erteilte ich Unterricht. So blieb für das eigene Üben nur Zeit am späten Abend oder in den Nachtstunden.

Mein Fragen nach Gott, mein Suchen geriet folglich wieder in den Hintergrund. Wir hatten hier in Itzehoe einen ausgezeichneten Organisten, der die Gottesdienste gern mit Hilfe von Instrumentalisten musikalisch mitgestalten ließ. Nur die Predigten, nein, die fesselten mich nicht. Ich hatte immer den Eindruck, es würde über mich hinweggepredigt, und ich verstand den Inhalt des Gesagten nicht. So entschloß sich der Organist also endlich, die musikalischen Vorträge *vor* die Predigt zu setzen, damit wir Musiker dann durch einen Hinterausgang unbemerkt die Kirche verlassen konnten. Hinter der Orgel befand sich eine kleine Kammer, in der wir unsere Instrumente ein- und auspackten. Von dort gelangte man in den Turm, durch den eine Wendeltreppe führte, die genau am Ausgang der Kirche endete. Das war unser Schleichweg. Einmal bin ich die letzten beiden Stufen dieser sehr engen Wendeltreppe hinuntergefallen, doch außer aufgeschlagenen Knien war mir nichts geschehen. Aber ich fragte mich: Ist es recht, wie ich gehandelt habe? Hätte ich nicht bis zum Ende des Gottesdienstes dableiben sollen?

Heute schäme ich mich sehr über diese Handlungsweise. Und ich bin längst in die Buße gegangen und habe Gott diese Schuld bekannt. Er hat sie mir auch vergeben. Ich bin mir hierin ganz sicher, aber mir ist auch wieder neu bewußt geworden: Gott war immer da. Er hat mich nie allein gelassen. Er hat immer schützend seine Hände über mich gehalten. Wie kann ich da dankbar sein.

In diesem harten Existenzkampf geriet ich natürlich öfter in schwierige Situationen. Dann rief ich meine Nichte an, eine bekennende Christin, die zudem noch mein Patenkind ist, und bat sie um Rat.

«Du mußt in der Bibel lesen», meinte sie, «da findest du auf jede Frage, auf jede schwierige Situation eine Antwort.»

Und so begann ich in der Bibel zu lesen und fing vorne bei Mose an. Da war die Schöpfungsgeschichte, ja, die kannte ich. Aber wie sollte ich da Antwort auf meine Fragen und meine Sorgen finden? Ich war mutlos, und bald legte ich die Bibel wieder zur Seite. Drei- oder viermal habe ich so angefangen, aber ich fand keine Hilfe. Und doch wurde ich unruhig.

Da war eine Frage, da war Angst in mir: Gott, wenn es dich gibt, wenn es dich wirklich gibt, dann bin ich verloren, rettungslos verloren. Ich wußte ja, Adam und Eva waren aus dem Paradies vertrieben worden. Und zwar wegen ihres Ungehorsams. Ja, das erkannte ich wohl. Und sie waren verloren. Gott hatte sie hart gestraft. Und ich? Wie hatte ich denn bisher gelebt? Zwar kannte ich die Gebote aus dem Konfirmandenunterricht; aber hatte ich denn je danach gehandelt? Nein, ich hatte nicht gehorcht.

Wenn ich nur an das erste Gebot dachte, *Ich bin der Herr, dein Gott … Du sollst keine anderen Götter haben neben mir* (2. Mose 20,2 und 3): Hatte ich denn Gott geachtet? Hatte ich ihm die Ehre gegeben? Hatte ich jemals nach seinem Willen gefragt? War Er mein Herr? Nein. Die Angst erfaßte mich wieder.

Oder wie war es mit dem dritten Gebot, *Gedenke des Sabbattages, daß du ihn heiligest* (2. Mose 20,8)? Wie hatte ich mich denn im Gottesdienst verhalten? Rausgelaufen war ich und hatte Gottes Wort mißachtet, mich sogar darüber erhoben. Und die Angst packte mich erneut – ja, sie ließ mich nicht mehr los.

«Gott, wenn es dich gibt, wenn es dich wirklich gibt, dann bin ich verloren. Hoffnungslos. Ja, rettungslos verloren!»

Das war die Angst meines Lebens.

Aber ich bekam keine Antwort. Nirgends.

Da geschah wieder etwas.

Eines Tages hatte der Postbote einen Brief durch meinen Türschlitz geworfen. Doch als ich den Brief auch nur schon mit den Augen erfaßte, sagte eine Stimme in mir: «Tu's nicht!»

Ich wußte weder, von wem der Brief war, noch was der Schreiber von mir wollte. Aber die Stimme war da: «Tu's nicht!»

Ich nahm den Brief, öffnete ihn und las ihn durch. Er enthielt ein Angebot, das mir sehr verlockend erschien. Ich ging darauf ein, und dieses «Tu's nicht» war längst vergessen. Das war nun das zweite Mal, daß der Herr mich von einem falschen Weg zurückhalten wollte. Er hat mich wieder gewarnt, und ich habe wieder nicht gehorcht und meinen eigenen Willen durchgesetzt.

Heute erkenne ich natürlich, wie schwer ich es Gott gemacht habe, mich endlich zu sich hinzuziehen. Diese Erkenntnis, daß Er nie die Geduld mit mir verloren hat, daß Er mich nicht aus seinen Augen gelassen hat, ist so wunderbar. Ja, auch diesen Umweg ist Er mit mir gegangen und hat mich auf allen Wegen beschützt und bewahrt und nicht mehr losgelassen.

Drei Jahre später wollte ich mit einem guten Bekannten, der mir damals sehr nahestand, in den Urlaub fahren. Mein Vater war zu der Zeit sehr krank, und ich stand vor der Frage: Bleibe ich zu Hause, oder fahre ich mit? Die Reise war von langer Hand vorbereitet und sollte nach Spanien gehen. Und mir war das Herz schwer, sehr schwer. Doch auch mein Vater meinte: «Fahre nur. Weißt du, ich freue mich mit jedem, der noch in den Urlaub fahren kann.»

So ließ ich mich überreden und fuhr mit. Schon auf der Hinfahrt packte mich immer wieder eine tiefe Traurigkeit, und ich weinte viel. Es war, als zerrisse es mir das Herz. Am liebsten wäre ich wieder umgekehrt, da meine Gedanken mehr zu Hause bei meinen Eltern als auf dieser Urlaubsfahrt waren.

Wir waren erst wenige Tage in Spanien, als der befürchtete Anruf kam: «Du mußt sofort nach Hause kommen, mit Vater geht es zu Ende.»

Im Grunde meines Herzens hatte ich mit dieser Nachricht rechnen müssen, und doch war ich völlig zerschlagen und voller Angst. Würde ich meinen Vater noch lebend antreffen? Wir machten uns also sofort auf den Heimweg. In der Nacht parkten wir auf einem Campingplatz in Frankreich, um etwas zur Ruhe zu kommen und uns etwas ausstrecken zu können. An Schlaf war für mich natürlich nicht zu denken. Meine Gedanken waren zu Hause bei meinem Vater, und die Frage quälte mich: Würde ich ihn noch lebend antreffen?

Da sehe ich plötzlich oberhalb der Windschutzscheibe am Inneren des Wagendaches eine Hand, eine segnende Hand, Vaters Hand. Ja, es war die Hand meines Vaters. Ich kannte sie ja ganz genau, und die Erkenntnis erschütterte mich bis ins Innerste: Vater ist tot. Mit diesem letzten Segen hat er sich von mir verabschiedet.

Das wurde mir ganz bewußt, und ich schaute auf die Uhr. Es war 01:50 Uhr, zehn Minuten vor zwei. Ich war untröstlich. Warum war ich nur gefahren und hatte meinen geliebten Vater allein gelassen in seinen letzten Stunden?! Diese Schuldgefühle bedrückten mich sehr, und ich konnte meinen Vater nicht einmal mehr um Vergebung bitten. Zu spät.

Die Heimfahrt war qualvoll und so entsetzlich, ich habe fast nur geweint.

Als wir endlich in meinem Elternhaus ankamen, traten mir meine Mutter, meine Schwester und meine Nichte – alle schwarz gekleidet – entgegen. Damit hatte ich gerechnet, doch eine Frage brannte mir auf dem Herzen: «Wann ist Vati heimgegangen? War es am Donnerstag nachts um 01:50 Uhr?»

«Nein», sagte meine Mutter, «um 02:00 Uhr ist er eingeschlafen.»

Darauf erwiderte meine Nichte: «Omi, du irrst dich. Du vergißt, daß deine Uhr zehn Minuten vorgeht.»

Also traf meine Erfahrung zu: Es war genau der Zeitpunkt, an dem ich die segnende Hand meines Vaters auf dem Campingplatz in Frankreich gesehen hatte. Und mir ist diese Erkenntnis und Gewißheit unendlich groß und kostbar. Diesen letzten Gruß, diesen letzten Segen hat Jesus vermittelt. Er war die Brücke zwischen meinem Vater und mir. Also auch da war Er gegenwärtig, wie Er es uns verheißen hat. Was ist das für ein Gott!

Und doch fand ich auch nach diesem Erleben noch immer nicht den Weg zu Gott. Alle Zeichen seiner Gegenwart und seines Eingreifens konnten nach meinem damaligen Wissen ja auch sehr menschlich verstanden werden. Und so lebte ich mein Leben weiter wie bisher, bestimmt durch meinen eigenen Willen, bis ich vierundfünfzig Jahre alt war.

Da war ich auf Grund meiner Gutgläubigkeit in eine ganz furchtbare Situation geraten. Menschen hatten mein Vertrauen schwer mißbraucht, und es war, als würde eine Schlinge um mich zusammengezogen. Mein Leben schien sinnlos, absolut hoffnungslos geworden zu sein. Ich war in ein tiefes, bodenloses Loch gefallen, aus dem es für mich kein Entrinnen mehr gab. Man hätte mir mein Haus und alles, was ich besaß, nehmen können. Ich wußte nicht, wie ich noch weiterleben sollte.

In dieser aussichtslosen Situation rief ich wieder meine Nichte an, und sie kam sofort angereist. Helfen konnte sie mir zwar auch nicht, «aber», so meinte sie, «ich will für dich beten.»

Während ich nur weinend dasaß, breitete sie mein ganzes Leben vor Jesus aus. All meine Sünde und Schuld, all mein Versagen, meine ganze Hilflosigkeit und diese ganze verfahrene Situation. Es war meine totale Bankrotterklärung. Was hatte ich denn noch zu erwarten? Meine Nichte konnte nur eines tun, nämlich Jesus um sein Erbarmen, um seine Hilfe bitten. Da geschah etwas für mich Unfaßbares. Es war, als bräche in meinem Innersten etwas auf, und eine tiefe Erleichterung erfüllte mich. Es schien, als würden sich Gefängnistore öffnen und als würde ich hinaus in die Freiheit geführt werden. Unbegreiflich und wunderbar war dieses Gefühl für mich. Ich ahnte plötzlich, Jesus war da. Er hörte unser Rufen und sah meine innere Not, ja, meinen völligen Zerbruch. Und Er fing mich auf. Was war das für eine Gnade! Ich spürte plötzlich, da ist Hilfe, da ist ein Weg heraus aus meiner Verlorenheit. Er war da, wie Er es uns verheißen hat (Matthäus 28,20). Ich erkannte: Nur mit ihm kann ich noch einmal neu anfangen. Meine Nichte ließ mir ein Neues Testament in heutigem Deutsch da mit einem Bibelleseplan.

«Lies jeden Tag darin», meinte sie, «und vor allen Dingen: Bete!»

Also begann ich gemäß Bibelleseplan in der Bibel zu lesen. Bei meinen früheren Versuchen, in der Schrift Hilfe zu finden, war ich jedesmal gescheitert. Und so war es jetzt um so erstaunlicher für mich: Gott tat mir sein Wort auf. Es war faszinierend für mich, in der Schrift zu lesen und mit Hilfe der angegebenen Parallelstellen immer mehr die Zusammenhänge zu erkennen. Plötzlich spürte ich in mir einen großen Hunger nach der Wahrheit, nach Gottes Wort, und ich lernte beten. Jeden Tag suchte ich das Gespräch mit unserem Herrn.

Was ist das für ein Wunder, daß dieser große, allmächtige Gott zu uns kleinen Menschenkindern sagt: *Rufe mich an in der Not, so will ich dich erretten, und du sollst mich preisen* (Psalm 50,15).

Was ist das für eine Freude, in diesen Gebeten unseren Gott zu erleben!

Als ich wieder einmal – es war kurze Zeit nach meiner Umkehr – mit unserem Herrn im Gebet verbunden war, stellte Er mir zu meinem großen Erstaunen ein Bild vor Augen: Ich saß in einem Saal und schaute auf eine Bühne, deren Vorhänge noch geschlossen waren. Doch dann wurden sie langsam nach beiden Seiten zurückgezogen, so daß der Blick auf die Bühne frei wurde. Sie war leer. Nur eine dicke Schnur hing vorne an der Rampe von der Decke bis zum Fußboden herab. Zwei Kugeln waren an ihr befestigt: eine im oberen Drittel, eine im unteren Drittel. Ich wußte sofort, was dieses Bild bedeutete. Das war meine Lebenslinie, und die beiden Kugeln zeigten mir Situationen, in denen Gott schon damals in mein Leben eingreifen wollte. Mit der oberen Kugel hielt Gott mir vor Augen, wie Er mich vor vielen Jahren, als ich als Neunzehnjährige nach Rußland ging, von diesem Weg zurückhalten wollte. Er wußte ja schon damals, wieviel Leid ich da erfahren würde, und wollte mich sicher davor bewahren. Er baute mir eine Brücke zurück; doch ich erkannte sie nicht und lief in mein Unglück hinein. Aber Er war da. Er ließ mich nicht aus seinen Augen. Er bewahrte mich. Er hat mich mein Leben lang mit seinen Augen geleitet.

Was ist das für eine Erkenntnis, was ist das für eine Gnade! Da kann ich nur aus tiefstem Herzen dankbar sein.

Mit der zweiten Kugel meinte Jesus die Situation, in der ich, als der Brief durch den Türschlitz geworfen war, sein «Tu's nicht» gehört und gleich wieder vergessen hatte. Ja, Gottes Stimme ist manchmal leise, und sein Weg entspricht durchaus nicht immer unseren eigenen Wünschen. Aber das habe ich mittlerweile längst begriffen: Jener ist immer der bessere Weg, den Er für uns vorbereitet hat. So bin ich damals durch meinen Ungehorsam in eine leidvolle Zeit hineingegangen und kann ihm heute nur aus tiefstem Herzen danken, daß Er mich auch von diesem Umweg wieder zurückgeführt und die Geduld mit mir nicht verloren hat.

Jetzt endlich, beim dritten Eingreifen und nach diesem Zerbruch, habe ich erkannt: Er war immer da. Er hat nie sein Angesicht von mir gewandt, ja, Er hat mich beschützt und bewahrt auf all meinen Umwegen. Und ich mußte erst so klein werden, daß ich nur sagen konnte, wie ich es auch heute noch tue: «Herr, hier bin ich. Nimm mich hin, und gebrauche mich so, wie du es willst.»

Völlig neue Prioritäten: Statt Geigen Gebetsdienst

Mein Zerbruch war die Wende zu einem völlig neuen Beginn in meinem Leben, aber diesmal mit Jesus. Er wurde mein Herr und bestimmte von da an mein Dasein. Ich durfte alles, mein ganzes bisheriges Leben, bei ihm, an seinem Kreuz, ablegen. Ihm brachte ich meine ganze Sünde und Schuld. Alles, was mich jahrzehntelang belastet hatte, durfte ich jetzt loslassen.

Was war das für eine Befreiung! Dabei veränderten sich die Prioritäten, die ich in meinem Leben gesetzt hatte, vollständig. Das Musizieren war noch mein Beruf, gewiß, aber viel mehr Zeit verbrachte ich nun damit, in der Bibel zu lesen, um immer mehr aus Gottes Wort zu erfahren. So wurde mir die sogenannte «Stille Zeit» zur kostbarsten Stunde des Tages, da ich immer mehr von Gott hören und von ihm lernen durfte. Schnell suchte ich mir einen Bibelkreis und fand Geschwister, mit denen ich wöchentlich Gebetsgemeinschaft hatte.

Eines Tages sagte der Pastor dieses Bibelkreises: «Man hat mir die Betreuung eines Altenheimes übertragen. Wer von Ihnen hilft mir dabei?»

Ich meldete mich für diesen Dienst und sagte: «Ich komme gerne mit, wenn Sie mich gebrauchen können.»

So gingen wir gemeinsam dorthin, als zwei alte Damen Geburtstag hatten. Ich hatte meine Geige mitgenommen, wir sangen einige Lieder, der Pastor hielt eine Andacht über den Losungstext, und wir beteten gemeinsam. Es war ein wirklich schöner kleiner Gottesdienst. Die Bewohner des Altenheimes meinten: «Oh, Herr Pastor, kommen Sie doch öfter.»

«Nein, ich kann nicht so oft kommen, aber vielleicht Frau Anton.»

So begann mein Dienst in diesem Altenheim, der zehn Jahre andauerte. Eine Glaubensschwester hatte sich mir angeschlossen, und so taten wir Sonnabend für Sonnabend diesen Verkündigungsdienst in dem Heim. Das war nicht leicht für mich. Ich, die ich noch so jung im Glauben war, mußte mir während der Woche über den Losungstext Gedanken machen und eine kurze Andacht ausarbeiten. Ich konnte wirklich nur immer sagen: «Herr, hilf bitte! Herr, mach du!»

Für mich war das alles noch sehr neu, und doch leitete mich Gottes Geist. Es war eine wunderbare Arbeit für mich. Die Bewohner, die noch gehen konnten, luden wir in einen Tagesraum ein. Ich nahm stets meine Geige mit, und wir sangen mit den Leuten alte und neue Lieder, an denen sie viel Freude hatten. Dann beteten wir mit ihnen und für sie. Und wir durften erleben, daß durch die Verkündigung noch etliche zum Glauben an Jesus fanden. Was war das für eine Gnade Gottes! Es war ein wunderbarer, erfüllter Dienst, den Gott reich segnete.

Wir sangen und beteten auch an den Betten der Kranken und haben zudem manchem Sterbenden noch die Frohe Botschaft bringen dürfen. Mir haben immer wieder Ärzte bestätigt, daß das Gehör als letztes stirbt. So haben wir auch denen, die im Koma lagen, gesagt: «Ruft im Herzen den Namen Jesus an!» Es steht ja in der Bibel: *Wer den Namen des Herrn anrufen wird, soll errettet werden* (Römer 10,13; Apostelgeschichte 2,21).

Was wissen wir schon, was im Herzen, im Inneren eines sterbenden Menschen noch vorgeht?! Was wissen wir, wie unendlich groß die Gnade Jesu ist?! Ich denke da an die «Schächergnade» (vgl. Lukas 23,39-43). So war und ist mir noch heute dieser Dienst ein ganz großes Bedürfnis.

Diese zehn Jahre im Altenheim waren eine wunderbare Ausbildungszeit in der Schule Gottes. Parallel dazu verbrachte ich sechs Jahre lang meinen Sommerurlaub in der Bibelschule Beatenberg in der Schweiz, wo ich natürlich auch an allen Bibelstunden und Gebetszeiten teilnahm, so daß ich immer mehr von Gott lernen durfte. Erstaunlich war, wie Er mich dabei von Grund auf veränderte. Früher war ich voller Minderwertigkeitskomplexe und kaum in der Lage, mit jemandem ein vernünftiges Gespräch zu führen. Ich fühlte mich nur sicher, wenn ich meine Geige unter dem Kinn hielt. Nun aber wurde ich plötzlich sprachfähig. Ich brauchte mich nicht mehr vor Angst zu verstecken, nein, ich erkannte, daß ich so sein durfte, wie Gott mich geschaffen hat. Ich konnte wirklich «ja» zu mir sagen. Ich wurde frei von Zwängen, von Menschenfurcht. Ich wußte, ich bin ein geliebtes Kind Gottes, und der Herr ist immer bei mir. Das gab mir Sicherheit! Welch ein Reichtum tat sich mir auf. Welche Fülle hat der Herr für uns bereit. Ich bin ihm unendlich dankbar für diese Veränderungen in meinem Leben. Sogar meine Kinder – mein Sohn und meine Schwiegertochter – wurden fragend: Was ist mit Mutter los? Was hat sie so verändert? Dann durfte ich von dem erzählen, was Gott an mir getan hat. Schließlich sind auch sie dadurch zum Glauben an Jesus Christus gekommen. Ja, so ist unser Gott!

Inzwischen hatten wir uns mit einigen Frauen zu einer Gebetsgemeinschaft zusammengefunden. Wir trafen uns einmal in der Woche, um intensiv für alle aktuellen Anliegen zu beten. Mich faszinierte diese Gebetsarbeit immer mehr. Ich war überrascht, wie vielseitig dieser Dienst war. Er umfaßte sämtliche Bereiche unseres alltäglichen Lebens. Ich erkannte immer mehr, was uns Gott, dieser große, allmächtige, ewige Gott, gegeben hat, indem wir mit ihm ins Gespräch kommen dürfen, unsere Hand an seinen Thron legen dürfen und seinen Arm dadurch bewegen können. Was ist das für eine Gnade – unvorstellbar!

Mein Leben veränderte sich grundlegend und war mit meinem früheren Beruf als Geigerin in keiner Weise mehr zu vergleichen.

Und dann fragte mich unser Pastor eines Tages, ob ich hauptberuflich in den Gebetsdienst treten möchte. Uns beiden stand die Hanna in Lukas 2,36-38 vor Augen. Ja, ich wußte, das ist mein Auftrag, den Gott mir gegeben hat. Mit großer Freude konnte ich mein Geigen aufgeben und die Gebetsarbeit übernehmen. Ein ganz interessantes und neues Leben begann. Jesus war immer gegenwärtig, und Er hatte viele gute Wege für uns bereit.

Beten auf den Straßen und Plätzen

Eines Tages sagte unser Pastor: «Frau Anton, wir wollen einen Gebetsspaziergang machen.»

Ich war überrascht und fragte ahnungslos: «Wie meinen Sie das? Wie soll das gehen?»

Er erklärte mir, daß wir nicht nur für die Gemeinde und die Gemeindeanliegen zu beten hätten, sondern auch für Institutionen, für Polizei, Feuerwehr, Krankenhäuser, Schulen, Kindergärten und Orte, wo sich ein anderer Geist zeigte. Besonders wichtig waren uns auch Gemeinden, in denen Gott durch seinen Heiligen Geist wunderbar wirkte, und Menschen, die wirklich in Vollmacht das Wort verkündeten, fest auf dem Grund des Wortes Gottes standen und doch Schwierigkeiten in der Gemeinde hatten.

So waren wir eines Tages bei Sturm und Regen in eine Nachbargemeinde gefahren. Dort waren zwei gläubige Pastoren, die wir durch unsere Gebete in ihrem Dienst unterstützen wollten, die Gemeinde zu sammeln, zu missionieren und zu aktivieren. Wir standen in den Nischen der Kirche, der Sturm peitschte den Regen um uns herum, wir hatten die Kapuzen über uns gezogen; und doch war es trotz des Regens wunderbar. Gott war spürbar gegenwärtig und führte uns im Gebet. Wir sind öfter zu dieser Kirche gefahren. Das Wunderbare geschah, die Gemeinde wuchs. Noch heute fahren wir gerne dorthin, um im Gottesdienst Gottes Nähe zu erfahren, sein Wort zu hören und seine Gegenwart zu erleben.

Wir gehen bei diesen Gebetsspaziergängen nicht mit gefalteten Händen und gesenktem Blick durch die Straßen. Jesus will ja nicht, daß wir Aufsehen erregen. Wir gehen so, als wenn wir uns ganz natürlich unterhalten würden, bleiben ab und zu stehen, wo es notwendig ist, hinterlassen aber immer den Eindruck, als wären wir eine Gruppe im ganz «normalen» Gespräch. Wir sollen ja auch nicht weiter auffallen. In Matthäus 6,5 heißt es: *Und wenn ihr betet, sollt ihr nicht sein wie die Heuchler, die da gerne stehen und beten in den Synagogen und an den Ecken auf den Gassen, auf daß sie von den Leuten gesehen werden.*

Selbstverständlich legen wir jeden Gebetseinsatz, jeden Gebetsspaziergang in Jesu Hände. Wir treffen uns vorher bei mir und beten gemeinsam um Jesu Schutz und die Waffenrüstung und seine Führung durch den Heiligen Geist. Wir bitten ihn, daß Er uns ganz klar und deutlich zeigen möge, wohin wir gehen sollen, um dort zu beten, wo Er es will.

Eines der ersten Anliegen fing vor unserer eigenen Kirchentür an. Ein leidiger Stein des Anstoßes und des Ärgernisses waren ständige Treffen von Jugendlichen an Samstagabenden auf der Treppe vor unserer Kirche. Sie lärmten und johlten herum, tranken Bier und andere alkoholische Getränke und wurden immer hemmungsloser, so daß sie die leeren Flaschen und Bierdosen an die Kirchentür und auf das Podest am Eingang warfen. Es war wirklich eine böse Störung, auch für die ganze Nachbarschaft. Am Sonntagmorgen, wenn wir uns um acht Uhr in der Kirche zum Gebet treffen wollten, mußten wir stets erst die Scherben und die Dosen beseitigen und die Bierflecken und den anderen Schmutz vom Podest wegschrubben. Einmal hatten sie sogar mit einer Flasche ein Loch in die Glastür vor dem Foyer geschlagen. Nein, das ging nun wirklich zu weit! Wir versuchten in aller Liebe und mit freundlichen Gesprächen die Jugendlichen zu bewegen, entweder zum Gottesdienst zu kommen oder sich einen anderen Platz für ihre Gelage zu suchen. Aber vergeblich, nichts änderte sich. Da hieß es beten. Wir baten Gott, doch einzugreifen. Und wir waren fassungslos, als wir nach einigen Wochen – sozusagen über Nacht – feststellten: Die Treppe war sauber. Die Jugendlichen hatten sich offensichtlich einen anderen Treffpunkt gesucht. Die Treppe ist heute noch frei und sauber. Dem Herrn sei Dank! Ist das eine Freude, immer wieder zu erleben, wie Gott unsere Gebete erhört und unser Leben lenkt und leitet.

In unserer Gemeinde fanden neben den normalen sonntäglichen Gottesdiensten bei besonderen Anlässen auch freie Gottesdienste statt. Um zu diesen Gottesdiensten einzuladen, gingen einige Beter und ich regelmäßig auf einen riesigen Parkplatz vor zwei großen Supermärkten. Wir verteilten dann vorgedruckte Einladungen an die Besucher dieser Märkte. Doch bekanntlich gehen Leute mit Einladungen, die ihnen auf der Straße in die Hand gedrückt werden, nicht sehr sorgfältig um. Entweder stecken sie sie achtlos in die Tasche, oder sie werfen sie in den nächsten Papierkorb.

Das wollten wir verhindern. Wir wollten ja schließlich nicht nur die Einladung abgeben, sondern auch mit den Leuten ins Gespräch kommen. Deshalb beklebten wir zum Beispiel in der Woche vor dem Einsatz die Einladungen mit MERCI-Schokoladenstäbchen oder zum Muttertag mit Marzipanherzchen. Die Reaktion war verblüffend. Die Einladungen wurden nicht mehr achtlos weggesteckt oder fortgeworfen. Nein, es war ja etwas Verlockendes darauf; also lasen die Empfänger sie, und wir konnten mit den Leuten in ein persönliches Gespräch kommen. Etliche sind dadurch in unsere Gottesdienste gekommen, und allmählich kannten uns die Leute auf diesen Plätzen schon, nickten uns freundlich zu oder sprachen uns wieder an. Ja, es war ein ganz gesegneter Dienst.

So ein Einsatz war wieder mal für den folgenden Sonntag geplant. Also veranstalteten wir am Donnerstag davor einen Gebetsspaziergang und zogen zu dem erwähnten Parkplatz. Schon auf der Straße, lange bevor wir uns diesem Platz näherten, hörten wir ein lärmendes Geräusch, ein an- und abschwellendes Heulen oder Kreischen. Je mehr wir uns dem Parkplatz näherten, desto lauter wurde es. Und was sahen wir, als wir ankamen? Zwei Jungen standen am einen Ende dieses Parkplatzes und jagten mit ziemlichem Getöse ein ferngesteuertes Auto immer wieder über den Platz, hin und her. Es war ein ohrenbetäubender Lärm. Wir zogen uns in eine Nische des Marktes zurück, um zu beten.

Aber es war fast unmöglich. Ganz verzweifelt rief ich: «O Herr, du hörst diesen Krach, und wir wollen doch beten. Bitte, Herr, greif ein, bring du dieses Ding da zum Schweigen! Wir bitten dich, Herr, hilf! So können wir nicht beten.»

Plötzlich war ein Tuck-tuck-tuck zu vernehmen, das immer langsamer wurde, und der Lärm verstummte, das Auto stand still. Ruhe, wunderbare Ruhe herrschte auf dem Platz. Wir konnten nur staunen und dankten Gott für sein Eingreifen. Wir beteten und geboten im Namen Jesu allen Mächten, die sich auf diesem Platz herumtrieben, zu weichen. Dann baten wir Jesus, diesen Platz, ja dieses ganze Gebiet einzunehmen und dort sein Reich zu bauen. Wir baten ihn, jetzt schon die Leute, die dort zum Einkaufen kommen würden, innerlich so vorzubereiten, daß wir positive Gespräche führen könnten und sie offen sein möchten für die Botschaft, die wir ihnen bezeugten. Alles, diesen ganzen Einsatz, legten wir in seine Hände und riefen seinen Sieg darüber aus.

Nachdem wir etwa zwanzig Minuten lang gebetet hatten, zogen wir fröhlich wieder ab. Doch als wir den Platz halb überquert hatten, hörten wir plötzlich: Tuck-tuck-tuck – das Auto sprang wieder an und fegte lärmend über den Platz. Wir hatten beobachtet, daß die beiden Jungen während unseres Gebets verzweifelt am Auto herumhantiert hatten. Sie versuchten den Fehler zu finden. Doch vergeblich, es war nichts zu entdecken. Jetzt, nachdem das Auto wieder angesprungen war, fragte einer den anderen: «Kannst du mir erklären, was damit eigentlich los war?» Worauf der andere kopfschüttelnd meinte: «Ich weiß es auch nicht.»

Können Sie sich unsere Freude und unseren Jubel vorstellen? Wir waren ganz erfüllt von dem, was wir eben erlebt hatten, und überaus dankbar für Gottes wunderbares Eingreifen. Wir singen sonst nicht, wenn wir auf dem Gebetsspaziergang unterwegs sind, aber diesmal waren wir nicht mehr zu halten. Unsere Herzen waren so voll Freude und Dankbarkeit, daß wir Loblieder singend und strahlend durch die Straßen nach Hause gezogen sind. Was ist das für ein Gott! Ja, Er hat wahrhaft alles in seinen Händen, die kleinsten und die größten Dinge, und Er ist tatsächlich gegenwärtig. Das erfahren wir immer wieder. Das ist unsere Gewißheit: Er ist mit den Seinen.

Eines Morgens trafen wir uns vor einem erneuten Spaziergang bei mir zu Hause zum Gebet. Wir stellten uns unter Gottes Schutz und fragten: «Herr, wohin sollen wir heute gehen?»

Nach einer Weile stand mir plötzlich Jericho vor Augen.

«Jericho?» fragte ich. «Herr, was meinst du damit? Was hat das für uns zu bedeuten?»

Wie war denn die Situation um Jericho herum damals?

Die Stadt sollte eingenommen werden. Und zwar vom Volk Gottes (Josua 6). Sechs Tage lang mußte das Kriegsvolk mit den Priestern, die die Bundeslade trugen, um die Stadt herumziehen, am siebten Tag sogar mit lautem Posaunenschall und Kriegsgeschrei. So fielen die Mauern, und die Stadt wurde eingenommen. Was hieß das für uns? In unserer Gemeinde gab es Uneinigkeit und Streitereien. Etliche Leute machten dem Pastor Schwierigkeiten, andere verließen sogar die Gemeinde. Es herrschte starke Unruhe, und die Frage wurde immer dringender in uns: Erwartete Gott, daß wir uns stellvertretend unter die Schuld der Gemeinde beugen sollten, damit Er dort neu sein Reich aufbauen konnte? Mir wurde klar, wir mußten diesen Auftrag im Gehorsam ausführen. Wir fuhren sofort hinauf zur Kirche, um dort siebenmal um Kirche und Pfarrhaus herumzuziehen.

So etwas hatten wir noch nie gemacht. Und wir konnten nur bitten: «Herr, führe und leite uns durch deinen Heiligen Geist!»

Wir begannen vor dem Altar und lobten Gott mit Liedern und im Gebet und zogen anschließend singend und betend durch das Kirchenschiff, durchs Foyer, durch alle Räume, den Garten und um das Pfarrhaus herum, bis wir wieder durch die Sakristei in die Kirche kamen. Bei der zweiten Runde bekannten wir unsere Sünden und traten stellvertretend ein für die Schuld der Gemeinde. So umrundeten wir wieder diesen ganzen Bereich singend und betend. Beim dritten Mal war es uns ganz wichtig zu danken. Was hat unser Herr alles an uns getan! Wir haben es wahrlich nicht verdient und nehmen vieles so selbstverständlich hin. So war diese ganze Runde von tiefem Dank an unseren großen Gott erfüllt.

Inzwischen hatten einige Mitglieder unserer Gruppe unseren Pastor hinter den Fenstern seiner Wohnung entdeckt. Ich war ganz erschrocken, hatte ich doch gemeint, er sei verreist. Ich hatte ziemlich unbekümmert die Gruppe um den ganzen Bereich herum geführt. «Na, was der wohl jetzt denkt, was wir hier treiben?» kam es mir in den Sinn. Aber Gott hatte uns diesen Auftrag gegeben. Also mußten wir weitermachen. Als wir zum vierten Mal vor dem Altar standen, erkannte ich plötzlich, daß jede Runde unter einem bestimmten Thema gestanden hatte. Die erste: Lob Gottes; die zweite: Buße; die dritte: Dank. Das war ganz unbewußt geschehen. Dies hatte Gott durch seinen Geist so wunderbar gewirkt und geführt. Die vierte Runde stand unter seinem Wort. Was ist das für eine Waffe, sie ist schärfer als das zweischneidige Schwert (Hebräer 4,12)! Wir erfahren immer wieder, Gott steht zu seinem Wort, zu seinen Verheißungen. Das ist uns besonders kostbar.

So zogen wir erneut betend und singend, von seinem Wort erfüllt, unseren vertrauten Weg entlang, bis wir wieder vor dem Altar standen.

Die fünfte Runde stand unter dem Begriff Fürbitte. Was ist das für eine Gnade, die Gott uns gewährt hat, daß wir betend für die Not anderer Menschen, für die Not einer Gemeinde eintreten dürfen.

So war auch diese Runde eine ganz starke Gebetsrunde. Immer wieder mit Liedern unterbrochen. Es wurde immer spürbarer, Gott ist wahrhaftig da.

Für die sechste Runde stand uns plötzlich die Waffenrüstung vor Augen (Epheser 6, ab Vers 10). Da sagt Paulus ganz klar: *Wir haben nicht mit Fleisch und Blut zu kämpfen, sondern mit … den Herren der Welt, … mit den bösen Geistern unter dem Himmel* (Epheser 6,12). Ja, das ist wahr. Gebet ist Kampf.

Wie heißt es doch in dem Buch von C.S. Lewis, «Dienstanweisung für einen Unterteufel»: Wenn du siehst, daß irgendwo gebetet wird, dann mußt du eingreifen. Denn Gebet ist tödlich für unsere Sache …

Ja, das spüren wir: Immer wieder werden wir vom Feind angegriffen. Deshalb ist uns die Waffenrüstung so wichtig. Nur mit den Waffen Gottes können wir diesem Feind begegnen. Weil Jesus immer der Stärkere ist.

Darum stand die siebte Runde unter dem Thema: Sieg Jesu.

Fröhlich zogen wir unsere Bahn, Loblieder singend und voller Freude, Jesu Herrschaft auszurufen. Er allein ist der Herr aller Herren und König aller Könige. Gott, unserem Vater, sei Dank!

Das war ein wunderbarer Gebetsspaziergang. Was glauben Sie, wie so ein Einsatz stärkt und Freude macht. Zweieinhalb Stunden hatte das ganze Unternehmen gedauert. Gottes Friede war so spürbar, daß wir ganz erfüllt heimzogen.

Am Nachmittag traf ich unseren Pastor und fragte: «Na, was haben Sie nur gedacht, als wir heute morgen dauernd um Ihr Haus herumzogen?»

Er lachte: «Zuerst habe ich mich gewundert, aber dann kam mir in den Sinn: Jericho.» Und er fand es wunderbar und freute sich.

Am Abend fand in unserer Kirche ein Gottesdienst für eine Jugendgruppe statt, die eine Fahrt nach Itzehoe gemacht hatte. Ganz überrascht sagte der Pastor dieser Gruppe: «Was ist hier in Ihrer Kirche für ein Frieden! Wie ist hier die Nähe Gottes spürbar!»

Und Gottes Geist wirkte mächtig. Ja, Gott hört unsere Gebete. Es ist wunderbar zu erleben, wie Er eingreift.

Es ist schon einige Jahre her, da waren wir mit einer Gruppe zu einem Kongreß in eine größere Stadt gefahren. Krönender Abschluß dieser ganzen Veranstaltung sollte ein Jesusmarsch sein. Mehrere tausend Teilnehmer hatten sich eingefunden, doch als sie alle zum Sammelplatz strömten, goß es so sehr, als hätten die Wolken alle Schleusen geöffnet. Was tun? Da kann man nur noch beten.

Wir standen unter unseren Schirmen, überall tropfte es herunter. Auf dem Podium mühte sich der Redner ab, die Menge zu einem Zug zu ordnen. Doch wir beteten: «Herr, bitte mach du doch diesem furchtbaren Regen ein Ende. Schieb du die Wolken beiseite, du bist doch der Herr über alle Elemente. Bitte, Herr, greif du ein und verschließe diese Wolken, damit wir auch in dieser Stadt deinen Namen groß machen und deinen Sieg verkündigen können. Bitte, Herr, greif ein.»

Es müssen viele der Anwesenden gebetet haben, denn nach ganz kurzer Zeit hörte der Regen auf, so daß wir trocken diesen Marsch beginnen konnten. Und es blieb trocken. Wir zogen fröhlich lobsingend hinter unserem Transparent «Der Norden taut auf» her und konnten so auch in dieser Stadt den Namen Jesu und seinen Sieg ausrufen. Nach mehreren Stunden fand auf einem großen Platz die Abschlußkundgebung statt. Es war ein wirklich erhebendes Erlebnis. Doch als wir uns zerstreuten und wieder in unsere Quartiere strömten, fing es erneut an zu regnen. Da konnten wir nur dankbar staunen. Ja, so ist unser Gott.

Gottes Eingreifen im Alltag erfahren: Leben voller Spannung!

Es ist wirklich spannend, mit Gott zu leben und immer wieder sein Eingreifen zu erfahren. Das hat mein Leben unvorstellbar interessant gemacht. Es gibt wahrhaftig keinen Bereich, den Jesus nicht in der Hand hat. Dafür bin ich unendlich dankbar, denn ohne ihn können wir ja wirklich nichts tun (Johannes 15,5). Aber mit ihm erleben wir die spannendsten Momente, von denen ich vorher keine Ahnung hatte. Ich erkenne immer mehr: Ihm ist nichts zu groß, ihm ist aber auch nichts zu klein.

Wenn die Menschen mir so oft sagen: «Ach, um diese Kleinigkeiten kann ich doch Jesus nicht bitten! Wegen solcher Lappalien kann ich mich doch nicht an diesen großen Gott wenden», dann kann ich immer nur wieder antworten: «Doch, gerade *in unseren Alltag* will Er eingreifen!» Und wenn wir ihm in uns Raum geben, so ist Er der Herr jeder Situation. Das kennzeichnet das neue Leben, das Jesus uns schenkt.

Er sieht alles, Er hört alles, und Er weiß alles. Diese Gewißheit gibt uns Ruhe und Gelassenheit.

So kam eines Tages ein vielbeschäftigter Arzt in eine meiner Gruppen, warf sich in einen Sessel und stieß stöhnend hervor: «Seit fünf Jahren wache ich jeden Morgen voller Angst auf und denke, heute bekomme ich einen Herzinfarkt.»

Wir anderen sahen uns fragend an. Was war los mit ihm? Herr N. erzählte.

Er war sehr beliebt und hatte viele, sehr viele Patienten. Sie brauchten seine ärztliche Hilfe, fragten ihn aber auch oft um Rat. Und so zog sich seine Sprechstunde über Stunden hin. Dazu kamen dann die vielen Hausbesuche. Nein, er konnte es wirklich kaum mehr schaffen und fürchtete, an dieser Praxis zu zerbrechen.

«Wissen Sie», riet ich ihm, «lassen Sie doch einmal Jesus Herr über Ihre Zeit sein.»

Er sah mich fragend an. Wie meinte ich das wohl? Ich sagte zu ihm: «Legen Sie doch morgens im Gebet Jesus Ihre Zeit hin, daß Er sie einteilt und regelt, wie es Ihnen guttut. Ich bin sicher, Sie werden erleben, daß Jesus da ordnend eingreifen wird.»

Etwas skeptisch meinte er daraufhin: «Na, ich kann es ja mal versuchen.»

Ein Woche verging, dann kam er wieder und berichtete erstaunt: «Es ist nicht zu fassen, aber ich habe es gemacht, wie Sie es mir geraten haben, und – es funktioniert! Jesus hat tatsächlich meine Zeit völlig anders eingeteilt und Ruhe in meine Praxis gebracht. Es ist ein Wunder, ich bin unendlich dankbar dafür.»

Er war einfach überwältigt von diesem Eingreifen Gottes. Was war geschehen? Morgens, bevor er in die Praxis ging, hatte er Jesus gebeten, die Zeiteinteilung in seiner Sprechstunde vorzunehmen und so zu ordnen, daß er selbst nicht völlig überfordert wurde.

Die Patienten kamen, und sie wurden behandelt wie immer. Aber dann standen sie auf und sagten: «Ach, Herr Doktor, was soll ich noch lange erzählen, Sie wissen ja sowieso Bescheid über mich, dann will ich mal wieder gehen.»

Und – weg waren sie.

So ähnlich spielte es sich bei etlichen Patienten ab. Wir mußten herzlich darüber lachen. Ja, unser Gott hat wirklich Humor. Die Zahl der Patienten blieb unverändert, aber plötzlich hatte Dr. N. viel mehr Zeit.

In die Praxis war eine wunderbare Ruhe eingekehrt. Doch ihn selbst trieb noch manchmal eine innere Nervosität, so daß er sich selbst unter Druck setzte und von Unruhe erfüllt war. Wir beteten darüber, und ich war sicher, Gott würde auch ihm Frieden schenken. Da kam mir ein guter Gedanke. Ich trage immer sehr schön bebilderte Postkarten bei mir, auf denen die verschiedensten Bibelsprüche stehen, für alle Lebenssituationen: Bibelworte, die uns trösten und stärken, und Verheißungen, die uns durch den ganzen Tag begleiten. Wenn nun Kranke zum Gebet kommen oder Menschen, die mit Sorgen beladen sind, dann hole ich diese Karten hervor, halte sie mit der bebilderten Seite nach unten aufgefächert in meiner Hand und lasse die Hilfesuchenden eine Karte ziehen, damit sie ein Trostwort Gottes mit nach Hause nehmen können. Ich bin immer wieder erfreut, wie wichtig den Menschen diese Worte sind. Einige rahmen die Karten ein und stellen sie zu Hause auf, andere tragen sie in der Bibel bei sich. Daran sehe ich, wieviel ihnen diese Zusagen Gottes bedeuten.

So hielt ich also auch jetzt Herrn Dr. N. diese Karten mit der weißen Seite nach oben hin und sagte: «Schauen Sie sie genau an. Welche Karte spricht Sie besonders an? Ich denke, Sie sollten in jedes Ihrer Sprechzimmer eine solche Karte auf Ihren Schreibtisch stellen, um immer wieder daran erinnert zu werden: Gott ist gegenwärtig. Er ist ja der Herr in Ihrer Praxis. Und dann, nach zwei bis drei Patienten, nehmen Sie sich bitte eine Viertelminute Zeit, und gehen Sie sozusagen an die ‹Tankstelle›. Das heißt, über diesem Wort richten Sie sich auf Gott aus und rufen ihn betend und lobend an. Sie werden überrascht sein, wie Sie neu gestärkt werden.»

Er zog also mehrere Karten, und – ich bin immer wieder erstaunt darüber – jedes Wort paßte genau für ihn und in seine Situation. So stellte er diese Karten in einen kleinen Ständer auf jeden seiner Schreibtische.

Es ist so herrlich, wie Gott handelt. Dr. N. fand wirklich zur Ruhe. Wie waren wir dankbar!

Ja, ich denke, es ist absolut notwendig für uns alle, daß wir uns in der Hetze des Alltags stets neu auf Gott ausrichten. In ihm allein werden wir Frieden finden. Ich lege ihm morgens im Gebet immer wieder meine Zeit hin. Er ist mein Herr, und Er allein soll sie bestimmen und einteilen. Dann erlebe ich allerdings auch manchmal Überraschungen, daß Gott ganz andere Pläne mit mir hat, als ich es mir vorgestellt habe. Doch selbst wenn mich etwas Unangenehmes trifft, so daß ich im Moment kaum begreifen kann, wieso und wozu es geschieht, erkenne ich doch oft im nachhinein, daß Gott auch damit etwas Bestimmtes bezwecken wollte.

So erging es mir am 18. Dezember vor einigen Jahren. Am Abend wollten wir mit unseren Gruppen ein kleines weihnachtliches Beisammensein veranstalten, und ich war eifrig mit den Vorbereitungen beschäftigt. Es war ein bitterkalter Wintertag, und draußen war starkes Glatteis, so daß ich mich natürlich verpflichtet fühlte, erst einmal Salz zu streuen, bevor jemand, der zu mir ins Haus wollte, noch zu Fall käme. Das war meine Sorge. Ich streute also das Podest und die Stufen zu meiner Haustür und trat dabei auf die Eisenmatte, die vor der letzten Stufe lag. Glatteis auf Eisen, da gibt es wahrlich kein Halten mehr! So rutschte mein Fuß unter mir weg, und ich fiel rückwärts auf den Fuß, mit dem ich noch auf der letzten Stufe stand. Dieser hatte sich durch den Sturz völlig verdreht, so daß ich auf der Ferse saß und den Spann durchdrückte. Ein rasender Schmerz durchfuhr mich. Ich dachte, der Fuß sei gebrochen.

Da saß ich hilflos auf der Stufe und versuchte mühsam, mit beiden Händen den zerdrückten Fuß unter mir hervorzuziehen. In mir wirbelten die Gedanken. Wie komme ich hier nur weg? Weit und breit keine Hilfe. Die Nachbarn waren zur Arbeit. Bei diesem Wetter war sowieso kein Mensch auf der Straße. Innerlich schrie ich: «Herr, hilf du! Ich muß doch ins Haus, ich kann doch hier nicht sitzen bleiben. Bitte hilf mir!»

Unter unendlichen Qualen und Schmerzen gelang es mir schließlich, mich aufzurichten und mühsam ins Haus zu schleppen. Es wird mir immer unfaßbar bleiben, wie ich das geschafft habe. Aus war es mit der Weihnachtsfeier, aus mit sämtlichen anderen Vorbereitungen. Ich konnte nur sitzen und mein Bein kühlen und beten. Doch es half nichts, der Fuß schwoll an, wurde blau und verfärbte sich immer dunkler, bis er schließlich ganz schwarz war. Der Bluterguß erstreckte sich von den Zehen bis halb die Wade hoch. Es war nicht zu fassen. Es war ein Anblick wie ein dicker Elefantenfuß. Die Ferse war nicht mehr abgegrenzt, nein, da war nur ein dicker schwarzer Klumpen. Vom Telefon aus organisierte ich die Weihnachtsfeier, und zu mir kamen die Beter. Links von mir saß unser Pastor, rechts Wolfgang, ein treuer Bruder und Mitarbeiter. Sie schauten trübsinnig auf dieses Gebilde herab, das einmal mein Fuß gewesen war.

«Na, damit können Sie aber auch keinen Schönheitswettbewerb mehr gewinnen», meinte mein Pastor tiefsinnig.

Aber Wolfgang tröstete mich. «Helga ist immer schön, die steckt mit ihrer Ausstrahlung noch einen Vierzigjährigen in die Tasche.»

Wir mußten herzlich lachen, aber dann legten wir im Gebet diesen ganzen Unfall unserem Herrn hin und baten um seine Hilfe, daß Er heilend eingreifen möge.

Dann kam Siglinde, meine ganz treue Mitarbeiterin und Leiterin einer meiner Gruppen. Sie wohnt etwa fünfzehn Kilometer von mir entfernt, aber als sie die Nachricht von meinem Unfall hörte, konnte sie nichts mehr zurückhalten. Sie, die sonst beim Autofahren voller Angst war; die am liebsten immer ihren Mann vorgeschickt hatte, wenn es draußen dunkel wurde oder stürmte oder gar schneite; sie, die bei Glatteis sowieso immer zu Haus geblieben war – nein, sie war nicht mehr zu halten. Plötzlich war die Angst weg. Sie wußte: «Jetzt bin ich gefordert, und Jesus ist mit mir. Mir kann gar nichts geschehen.» Im nachhinein denke ich, das war Gottes Plan, den Er mit diesem Unfall verfolgte. Siglinde sollte endlich von ihrer Angst frei werden. Und tatsächlich hat sie in jener Situation ihre Angst verloren.

Manchmal sagt ihr Mann: «Du wirst doch bei diesem Wetter, wo kein Mensch auf die Straße geht, wohl nicht fahren!» Und doch, sie wußte sich seit jenem Unfalltag in Gott geborgen. In ihm und durch ihn war sie sicher und kam. Tag für Tag, ganz gleich, was für ein Wetter war. Sie war bei mir, um mit mir zu beten, und sie war da, wenn Hilfesuchende, die zur Seelsorge angemeldet waren, zu mir kamen. Denn diesen Dienst konnten wir auch vom Krankenbett aus tun.

Mit großer Liebe und Treue versorgte Siglinde mich, führte mich, als ich auf Krücken in die Kirche humpelte, fuhr mit mir zum Arzt. Ja, sie war da. Ich hatte mehrere Bänderzerrungen und Gelenkkapselverletzungen, und jeder meinte: «Gut ein bis anderthalb Jahre wirst du dich damit herumzuschlagen haben.»

Doch was wir Menschen so denken! Schon nach zwei Monaten war der Fuß in Ordnung, so daß ich meinen Dienst wieder ungehindert ausüben konnte. Was für ein Wunder hat Gott da an mir getan. Ich kann ihn nur in tiefer Dankbarkeit staunend anbeten. Ja, so ist das Leben mit unserem Herrn.

Er nimmt unsere Ängste und schenkt uns statt dessen seinen Frieden. Er nimmt uns unsere Unsicherheit und alles, was wir hinter einer Maske verstecken wollen, die wir vor keinem Menschen lüften. Und doch, Er schaut dahinter und sieht, wie es in unserem tiefsten Inneren aussieht. Er durchschaut unsere ganze Unsicherheit, unsere Hilflosigkeit, und wenn wir es zulassen und ihm Raum geben, dann macht Er uns frei, frei von unserem alten Ich, und hat ein ganz neues Leben für uns bereit.

Das durfte auch Nati erleben, eine junge Frau, hilflos und völlig orientierungslos. Als sie kam und
ich sie sah, erschrak ich. Die Schultern waren ver-
krampft hochgezogen, das Gesicht wirkte mas-
kenhaft starr, und mit eckigen Bewegungen setzte
sie sich. Es war schwer, sie zum Reden zu bringen,
und so konnte ich nur beten: «Herr, wirke du in ihr
durch deinen Heiligen Geist, daß du die Riegel
löst, die sie gefangenhalten, und sie begreift, nur
du kannst ihr helfen. Öffne ihr Herz, Herr, ich bitte
dich, erbarme dich ihrer.»

Stockend fing sie an zu sprechen. Sie war gegen
sich selbst voller Haß und konnte sich so als
Mensch natürlich auch nicht akzeptieren und annehmen, schon gar nicht als Frau. Nein, da reagierte sie immer völlig falsch. Ich bat sie, einfach
aus ihrem Leben zu erzählen; denn die Ursachen
für so ein Verhalten mußten ja viel tiefer liegen.

Sie hatte ihre Kindheit teilweise im Elternhaus
und zeitweise bei einem Onkel und einer Tante
verbracht und wurde so in der Erziehung zwischen Mutter und Tante immer hin- und hergezo-
gen. So hatte sie weder eine echte Bezugsperson
noch ein richtiges Zuhause.

«Wohin gehöre ich eigentlich?» fragte Nati sich
damals viele, viele Male.

Die beiden Ehepaare fuhren zusammen in den
Urlaub und an den Wochenenden gemeinsam an
den Strand, an den FKK-Strand, so daß der Um-
gang mit nackten Menschen ihr eine Selbstver-
ständlichkeit wurde. Sie nahm es hin, daß der Onkel sie bisweilen mißbrauchte und seine Spielchen
mit ihr trieb. Sie entwickelte kein natürliches
Schamgefühl und hatte später eine völlig verkork-
ste Beziehung zur Sexualität.

Da sie in einer Atmosphäre der Lieblosigkeit aufgewachsen war, konnte sie sich als Mensch überhaupt nicht annehmen. Schon gar nicht als ein geliebtes Geschöpf Gottes. Der einzige Mensch, der sie annahm und den sie liebte, war ihr Vater. Zu ihm hatte sie eine liebevolle, offene Beziehung. Es war die absolute Katastrophe in ihrem Leben, daß dieser Vater, als sie neun Jahre alt war, bei einem Autounfall tödlich verunglückte. Da brach ihre kleine Welt zusammen.

Dieses Entsetzen, dieser Schock setzte sich in ihrem Unterbewußtsein fest. Danach erkrankte sie an Epilepsie. Die Anfälle traten häufig und völlig unvermutet auf und verunsicherten sie in ihrem ganzen Wesen nur noch mehr. So kam es öfter vor, daß sie in der Schule geistige Ausfälle hatte. Der Lehrer hatte aber kein Verständnis dafür, daß es Momente gab, in denen sie völlig abwesend war und in denen sie oft erst nach langen zehn Minuten, wenn das Bewußtsein endlich wieder zurückgekehrt war, in der Lage war zu antworten. Dann schalt er sie: «Du willst ja nicht; du kannst ja nicht.» Und die Mitschüler hänselten und demütigten sie. Wie muß dieses Kind in der Klasse gelitten haben.

Die Mutter erkannte die Not und schickte das Kind in eine andere Schule. Aber auch dort wurde Nati von den Mitschülern nicht angenommen, weil sie ja nicht zu ihnen gehörte. Man stellte ihr immer wieder Fallen. Da verfiel sie in Depressionen. «Mich mag ja keiner, ich kann ja nichts. Mich liebt ja keiner, aus mir wird nie etwas.» Da ist es nicht verwunderlich, daß dieses Kind nur in der Angst lebte: «Was wird mir heute wieder geschehen? Was wird man mir heute wieder antun?» So verlor sie den letzten Rest an Selbstvertrauen und traute auch keinem anderen Menschen mehr.

Mutter und Tochter waren verzweifelt. Sie suchten Hilfe bei Ärzten. Diese versuchten, mit Medikamenten die Anfallshäufigkeit und die Intensität der Anfälle herabzusetzen, doch es wurde nicht besser mit ihr. Da führte die Mutter sie in einen Kurs für transzendentale Meditation. Sie erhoffte sich von den Meditationsübungen, vom Loslassen und Versinken ins Nichts, die Befreiung von allen Qualen. Die Tochter bekam sogar ein Mantra, das sie in diesem «Trancezustand» immer wieder anrufen mußte, und sie erkannte natürlich nicht, daß dieses Mantra der Name einer hinduistischen Gottheit war, durch die sie nun immer tiefer in Bindungen geriet.

Ich denke, wir alle können uns die Trostlosigkeit dieses jungen Mädchens, das keinen Sinn mehr im Leben sah, vorstellen. Nati sehnte sich nach Liebe und Geborgenheit und innerem Frieden und fand doch nichts davon. Sie fühlte sich völlig unverstanden und allein gelassen und entwickelte einen unbändigen Haß gegen sich selbst, gegen sich als Mensch und als Geschöpf Gottes. Aufgrund ihrer Erfahrungen konnte und wollte sie sich als Frau schon gar nicht annehmen. Dadurch wurde sie ein völlig hin- und hergeworfenes Wesen, nirgends fand sie Halt. Nirgends fand sie auch nur die geringste Bestätigung. Was wollte sie noch?

Als Kind war sie mit ihren Eltern oft in Portugal gewesen. Damals war ihr Vater noch da, und die Erinnerung an ihn hielt sie aufrecht, ja, sie gab ihr etwas Halt. So trieb sie die Sehnsucht, und sie plante, als sie neunzehn Jahre alt war, eine Radtour nach Portugal. Sie wollte die Stätten wiedersehen, an denen sie mit ihrem Vater gelebt hatte; sie wollte die Wege gehen, auf denen sie gemeinsam gewandert waren; sie wollte das Hotel aufsuchen, in dem sie gewohnt hatten, und den Duft der Stadt aufsaugen, durch die sie vertraulich gebummelt waren. Ja, sie wollte die Erinnerung wachhalten.

Mit einem Bekannten, den sie erst unterwegs in Frankreich kennengelernt hatte, fuhr sie also auf dem Rad nach Portugal. Sie übernachteten entweder im Zelt oder bei Bekannten ihres Begleiters. Als sie endlich in Portugal angekommen waren, trafen sie oft mit Freunden ihres Mitfahrers zusammen. In dem Kreis machte Nati zum erstenmal Bekanntschaft mit Drogen. Für sie war das besonders gefährlich, da sie wegen ihrer Epilepsie ständig Medikamente nehmen mußte. So geschah es, daß sie nach dem zweiten Joint derart in Trance verfiel, daß sie sich an nichts mehr erinnern konnte und vierzehn Tage lang völlig weltentrückt und geistig abwesend war.

Irgendwie kam sie mit der Bahn zurück nach Deutschland. Und das Wunder geschah: Sie begegnete Christen, die sie in eine Gemeinde mitnahmen. Dort wurde sie liebevoll aufgenommen. Dreimal kamen Leute jener Gemeinde mit Nati zu mir ins Gebet und Gespräch. Wir konnten immer nur staunen, wie Jesus durch seinen Heiligen Geist aufdeckte, was sie an Hindernissen und Blockaden alles mit sich herumgeschleppt hatte. Vor ihm ist ja die ganze Vergangenheit wie ein offenes Buch. So hatte Er sie wunderbar geleitet, daß sie endlich heil werden konnte. Er gab ihr die Kraft, und sie war bereit, ihren Eltern, der Tante, dem Onkel und allen, die ihr während der Schulzeit weh getan hatten, zu vergeben. Was war das für eine Befreiung für sie, daß sie diese ganze Last an Jesu Kreuz ablegen konnte!

Dann brachten wir die negativen Aussagen des Lehrers und ihre Eigenverfluchungen zu Jesus, und in seinem Namen banden wir sie, denn Jesus hat ja gesagt: *Was ihr auf Erden binden werdet, soll auch im Himmel gebunden sein, und was ihr auf Erden lösen werdet, soll auch im Himmel los sein* (Matthäus 18,18). Und so baten wir Jesus, diese negativen Prophetien, die seither wie ein Damoklesschwert über ihr schwebten, zu zerstören, sie mit der Schärfe seines Schwertes zu zerschneiden, damit sie endlich frei würde. Sie sagte sich los davon, und im Namen Jesu durften wir all diese negativen Prophetien widerrufen. Sie hatten keine Gültigkeit mehr für sie. Sie spürte es, ja, da fielen Bindungen von ihr ab. Sie fühlte sich wirklich freier.

Ganz wichtig war noch, daß wir den Schock, den sie als neunjähriges Mädchen beim Tod ihres Vaters erlitten hatte, vor Jesus brachten. So ein Schock löst oft entsetzliche Verkrampfungen aus, und bei ihr war er ja die Ursache der Epilepsie. So baten wir als erstes Jesus, diesen Schock aus ihrem Unterbewußtsein zu lösen, ihn zu zerstören und sie davon zu befreien. Er allein konnte diese Verkrampfungen entspannen und Nati von der Epilepsie heilen. Er hat sie geheilt, sie hat seitdem keine epileptischen Anfälle mehr gehabt. Das ist ein Wunder. Ja, so ist unser Herr. Wir können nur in tiefer Dankbarkeit ihn immer lobend anbeten.

Danach baten wir Jesus, mit uns in die Zeit zu kommen, als sie durch die transzendentale Meditation Hilfe suchte und einer hinduistischen Gottheit in sich Raum gab und sie anbetete. Das mußte weg.

Auch davon sagte sie sich los, und wir konnten diesem Götzen im Namen Jesu unter Deckung seines Blutes gebieten zu weichen. Und sie ist davon frei geworden. Sie spürte es, Jesus war da. Als sie zum drittenmal ins Gebet kam, wurde uns vor Augen gestellt, wie sehr sie während des Deliriums nach dem zweiten Joint in Portugal offen gewesen war für alle widergöttlichen Einflüsse. Sie wurde von allem, was während dieses Rauschzustands in sie eingedrungen war, gelöst, und endlich war sie frei. Tief konnte sie durchatmen. Man sah es ihr an, sie brauchte sich nicht mehr hinter einer Maske zu verstecken, ihre Gesichtszüge waren völlig entspannt, und ihre Augen strahlten. Auch ihre Bewegungen waren frei und gelöst. Wir waren voller Freude und staunten. Was ist das für ein Wunder, das Gott an dieser jungen Frau getan hat. Wir dankten Gott, daß wir Werkzeug sein durften in seiner Hand, ja, daß wir Kanal sein dürfen für sein Wirken. Was ist das für ein Leben mit diesem Herrn. Dank sei ihm für alles, was Er an dieser Frau getan hat!

So bin ich immer wieder überrascht, wo der Herr uns überall gebraucht und einsetzt, um ihm zu dienen und ihn zu bezeugen und sein Wort zu verkündigen. Das ist so interessant in diesem meinem Beruf, daß es keinen einzigen Bereich gibt, in den Jesus nicht helfend eingreifen will. Diese Vielfalt seiner Möglichkeiten fasziniert mich immer wieder. Ich weiß, ich kann von mir aus gar nichts tun. So steht es ja auch im Johannesevangelium, Kapitel 15, Vers 5: *Ohne mich könnt ihr nichts tun*. Aber Er gebraucht uns, Er will unsere Bereitschaft, und das macht das Leben unter seiner Führung so unendlich reich.

Eines Tages rief mich ein guter Freund von der Insel Sylt an und sagte: «Weißt du, in einem Altersheim in Heide ist eine alte Dame, siebenundneunzig Jahre alt, die will ihr Leben ordnen. Du bist doch manchmal in Heide. Bist du so lieb und fährst zu ihr?»

Natürlich war ich sofort bereit. «Wie heißt sie, und in welchem Heim ist sie?»

«Das kann ich dir auch nicht sagen, aber rufe bitte da und da an, so wirst du es erfahren.»

Nach zwei weiteren Anrufen hatte ich endlich eine Bekannte der alten Dame erreicht. Sie sagte mir: «Ja, es ist lieb, daß Sie dorthin fahren wollen, aber Frau L.» – so hieß die alte Dame – «möchte gern, daß zu diesem Gespräch ein junger Pastor zu ihr kommt.»

«Nun», meinte ich, «dann bin ich sicher die falsche Adresse, denn ich bin weder ein Mann, noch bin ich jung.»

«Ach», meinte die Bekannte, «versuchen Sie es doch bitte. Allerdings muß ich Sie warnen, Frau L. ist recht rebellisch und aggressiv. Sie müssen schon darauf gefaßt sein, daß sie Sie hinauswirft.»

Aber da war ich ganz unbekümmert: «Das kommt schon ab und zu vor, aber das macht mir nichts aus. So will ich es gerne versuchen.»

Eine Mitarbeiterin war bereit mitzukommen. So machten wir uns auf den Weg in das Heim. Wir trafen Frau L. in ihrem Zimmer an. Sie saß in einem Rollstuhl, klein und zusammengefallen, und doch strahlte sie Energie aus. Wir stellten uns vor und erklärten ihr, wir seien gekommen, um mit ihr zu beten.

«Ach», rief sie freudig aus, «beten ist immer gut.»

Um erst einmal mit ihr ins Gespräch zu kommen, fragte ich: «Sie sind schon siebenundneunzig Jahre alt. Sie wollen doch gewiß noch gerne einhundert Jahre alt werden?»

«Oh, nein», stieß sie hervor, «nur das nicht! Aber der Herrgott will mich ja nicht. Er holt mich nicht, ich bin zu garstig, ich bin zu schlecht.»

«Aber nein», erwiderte ich, «Er hat Sie lieb.»

Darauf meinte sie: «Das haben mir auch schon andere Leute erzählt, aber das glaube ich nicht. Er kann mich nicht liebhaben, ich bin viel zu schlecht. Ich schimpfe hier in meinem Zimmer herum, ich bin unzufrieden, ich bin böse zu den Schwestern. Nein, Er kann mich gar nicht liebhaben.»

Die Erkenntnis und Ehrlichkeit der alten Dame waren überwältigend, und so konnte ich ihr nur sagen: «Gott hat Sie *doch* lieb. Er hat Sie so lieb, daß Er in Jesus Christus in diese Welt gekommen ist, um auch Sie zu retten.»

«Meinen Sie das wirklich?»

«Ja», erwiderte ich, «das steht in der Bibel.»

«Nun, dann glaube ich das, denn Jesus lügt ja nicht», sagte sie mit entwaffnender Offenheit. «Wenn Sie das sagen, dann stimmt das wohl. Ihnen glaube ich das.»

Ich war überrascht, wie schnell sie Vertrauen gefaßt hatte. Das war wunderbar. So konnte ich ihr in ganz einfachen Worten erzählen, weshalb Jesus in diese Welt gekommen ist. Sie sah mich mit großen Augen unverwandt an.

«Ja», sagte ich, «Er hat Sie lieb, und Er will, daß auch Sie frei werden. Von Ihrer Sünde, von allem, was Sie belastet. Sie haben mir vorhin von Ihrem garstigen Wesen erzählt, von Ihrer Unzufriedenheit und wie häßlich Sie mit den Schwestern umgehen. Bitte bringen Sie das doch zu Jesus. Er vergibt Ihnen, Er wartet ja nur darauf. Er will Ihnen helfen, Er will Sie frei machen.»

«Oh, das wäre schön!» strahlte sie mich an.

«Kommen Sie, lassen Sie uns beten», sagte ich, «damit auch Sie alles, was Sie bedrückt, loswerden.»

Wir beteten, und ich legte Jesus all das, was sie mir erzählt hatte, hin. Doch immer wieder unterbrach sie das Gebet: «Ja, so ist es. Ja, das glaube ich. Oh, das wäre schön.»

Sie war wirklich erleichtert, weil Jesus ihr diese Last jetzt abgenommen hatte. Wir sangen noch ein Lied, beteten das Vaterunser und segneten sie dann.

«Oh, kommen Sie bloß bald wieder!» meinte sie.

«Aber gern. Wir kommen am nächsten Freitag wieder, wenn Sie es möchten.»

«Ja, ich warte darauf. Kommen Sie bald, ich freue mich.»

Können Sie sich vorstellen, wie dankbar wir waren, daß Jesus dieses Gespräch und Gebet so wunderbar geleitet hatte? Sie ist schwerhörig, und so hatte ich die ganze Botschaft, dieses ganze Gespräch in einer Lautstärke führen müssen, daß bestimmt auch auf den Fluren und in den Nebenzimmern die rettende Botschaft vernommen wurde. Wir verabschiedeten uns fröhlich. Als wir am Ende des Flures waren, sahen wir, wie die Schwester in das Zimmer von Frau L. trat. Wir hörten noch, wie die alte Dame mit lauter Stimme rief: «Nun ist alles gut, nun ist wirklich alles gut.»

So besuchen wir sie jetzt schon über ein halbes Jahr lang an jedem Freitag. Sie freut sich immer sehr, wenn wir kommen. Manchmal sagt sie ganz von sich aus: «In dieser Woche war ich ungezogen, lassen Sie uns beten!» Oder: «Hier hat es Streit gegeben, es tut mir leid, daß ich so garstig war.»

Sie hat begriffen, daß Jesus sie frei macht; daß sie alle Sünde und Last bei ihm ablegen kann. Sie hat Jesus aber auch als ihren Herrn angenommen, sie vertraut ihm und weiß: Er hat ihr das ewige Leben geschenkt. Darauf freut sie sich, daß sie dann bei ihm sein wird.

Bei einem meiner Besuche brachte ich ihr ein kleines Holzkreuz mit. Es ist aus Bethlehem und aus Olivenholz. Ich legte es in ihre Hand. «Schauen Sie», sagte ich zu ihr, «an so einem Kreuz hat Jesus für Sie gelitten, da können Sie alles ablegen, was Sie belastet. Da hat Er für uns mit seinem Leben bezahlt.»

Glücklich hielt sie es in ihrer Hand und ließ es nicht mehr los.

«Danke», sagte sie, «danke, danke.»

Seitdem ist es ihr ganz kostbarer Besitz. Sie hält oft Zwiesprache mit dem Herrn durch dieses Kreuz.

Ja, es ist wirklich verblüffend, was an dieser alten Dame geschehen ist. Sie ist freundlich zu den Schwestern und sehr dankbar, wenn wir kommen. Sie betet mit, ja, sie singt sogar die Lieder mit, und sie ist frei und von tiefem Frieden erfüllt. Was ist das für eine Gnade Gottes. Ich bin unendlich dankbar, daß ich diesen Dienst tun darf.

In diesem Kapitel habe ich die verschiedensten Beispiele gebracht, wie Jesus in alle Lebenslagen eingreift und hilft. Er ist der Herr über die Zeit, über unsere Ängste, über Depressionen, Komplexe, Sünde und Schuld und auch über die Technik. Davon jetzt noch ein kleines, erstaunliches Beispiel.

Mein Dienst für Jesus beschränkt sich nicht nur auf meine Umgebung hier zu Hause, sondern ich bin auch oft auf Reisen zu Seminaren oder sonstigen Gebetsdiensten. Auf einer dieser Reisen lernte ich einen interessanten Herrn kennen. Er ist Geschäftsinhaber, und, was mich vor allen Dingen freute, er ist Christ. Da waren wir natürlich schnell im Gespräch über den Glauben und stellten fest: Wir sind auf einer Linie. Unser Herr ist Jesus Christus.

Wir unterhielten uns über Glaubensfragen und Erfahrungen, und so kamen wir natürlich auch auf meinen Beruf als Beterin zu sprechen. Das war etwas Neues für ihn, und sehr interessiert fragte er mich darüber aus. Nur zu gern erzähle ich natürlich von diesem Dienst, in den Jesus mich hineinberufen hat. Beterin, wer kennt das schon! Und immer wieder wird mir die Frage gestellt: Kann ich wirklich mit meinen kleinen Problemen zu Gott kommen? Zu diesem großen, allmächtigen Gott?

Ich war sehr wach bei diesem Gespräch. Ich merkte, er bewegte doch etwas in seinem Hinterkopf, und da kam auch schon die Frage: «Kann man auch für Firmen beten? Was halten Sie davon?»

«Aber sicher», antwortete ich, «man kann für alles beten. Vor Gott ist nichts zu klein und nichts zu groß. Ihm ist nichts fremd. Ihm sind alle Dinge wichtig, vor ihm ist gar nichts geheim, und ganz gewiß kennt Er die Situation, in der wir gerade stecken.»

Da erzählte er von seinen Sorgen und Problemen in seiner Firma. Sie befand sich gerade in einem finanziellen Engpass. Er fragte: «Ob Sie wohl dafür beten mögen?»

«Aber natürlich! Gott schaut in jede Situation hinein. Er weiß auch, wie es um Ihre Firma bestellt ist. Also beten wir doch zusammen.»

Nachdem ich abends zu Hause angekommen war, betete ich wieder für dieses Problem und selbstverständlich auch am nächsten Tag. Immer wieder trug ich Gott dieses Anliegen vor. «Bitte, Herr, greif doch ein! Hilf!»

Am folgenden Tag läutete bei mir das Telefon. Ich hatte diesem Geschäftsmann meine Telefonnummer gegeben und meinen Namen genannt, weil wir ja nun dieses gemeinsame Gebetsanliegen hatten. Herr P. war am Apparat. Fassungslos berichtete er: Er war in seine Firma zurückgekehrt und wieder im Dienst und mußte mit irgendwelchen Geschäftsfreunden ein wichtiges Telefongespräch führen. Aber im Telefonnetz ergab sich eine Fehlschaltung. Herr P. hatte plötzlich einen alten Bekannten am Apparat, dessen Nummer er gar nicht gewählt hatte und den er in diesem Moment auch gar nicht sprechen wollte. Aber nun war die Verbindung «zufällig» zustandegekommen. So unterhielten sich die beiden Herren.

«Wie geht es Ihnen denn, Herr P.?» fragte der ältere Herr.

«Oh, danke, mir geht es gut, bis – auf einige finanzielle Sorgen in der Firma.»

Der Bekannte ist ein reicher Mann, und er fragte: «Finanzielle Sorgen? Herr P., wieviel brauchen Sie?»

Und das Unfaßbare geschah, eine sechsstellige Summe, die Herr P. gerade brauchte, wurde ihm zur Verfügung gestellt. Können Sie sich vorstellen,

wie Herrn P. zumute war? Das war eine so einschneidende Gebetserhörung betreffs der Firma!
Seitdem wird nichts, aber auch gar nichts mehr in
seiner Firma ohne Gebet getan. Ja, ich komme aus
dem Staunen nicht mehr heraus, seit ich unter
Gottes Augen lebe. Danke, Herr! Ja, so ist unser
Gott.

Jesus, der beste Arzt – auch heute noch?

In Lukas 10,19 sagt Jesus: *Den Glaubenden habe ich Macht gegeben, daß sie in meinem Namen für Kranke beten und sie heilen sollen.*
Und in Vers 9 heißt es weiter vorne: *Heilet die Kranken, die daselbst sind.*

Es fasziniert, wenn man liest, wie Jesus seinerzeit, da Er hier auf der Erde als Mensch lebte, die Kranken, die zu ihm kamen oder ihn riefen, anrührte – und wie sie heil wurden. Ja, so war das damals. Wunderbar, dachte ich. Aber heute? Deshalb war ich ganz erschrocken, als ich durch die Bibelstelle Lukas 2,36-38, in der von der *Hanna* die Rede ist, selbst in diesen Dienst gerufen wurde.

«Herr, das kann ich doch nicht, wer bin ich denn?» So war meine Reaktion. Aber ich lernte mich selbst ganz loszulassen und in Jesus hineinfallen zu lassen, so daß Er mich durch seinen Heiligen Geist führte und füllte und ich allmählich in diesen Dienst hineinwuchs. Es ist so gut, daß ich weiß: Von mir aus kann ich gar nichts tun. Da kann ich wirklich nur sagen: «Herr, hier bin ich. Gebrauche mich, wie du es willst! Herr, mach du!»

So führte Er mich in diesen Dienst hinein. Ich kann es nicht beeinflussen, ob jemand gesund wird oder nicht – Gott sei Dank. Aber ich weiß, daß Jesus jedes Gebet hört. *Wie* Er dann eingreift, das ist seine Sache. Ob Er den Körper oder die Seele heilt, das liegt in seiner Hand, denn unser Herr ist absolut souverän. Aber daß Er immer den besten Weg mit uns hat, darüber bin ich mir ganz sicher, denn die körperliche und die seelische Heilung müssen parallel laufen.

Ich selbst bin zweimal vom Krebs geheilt worden. Das ist ein wahres Wunder, denn nach ärztlicher Meinung hatte ich beim erstenmal kaum eine Chance, länger als ein Jahr zu überleben, da der Krebs schon sehr weit fortgeschritten war. Aber Jesus hat mich hindurchgetragen und hat eingegriffen. Ich bin überzeugt, ich bin nicht gesund geworden um meinetwillen, sondern um andere Kranke in schwierigen Situationen zu stärken, mit ihnen zu beten und ihnen die Botschaft des Evangeliums zu bezeugen, damit sie für die Ewigkeit gerettet sind. Denn es ist wichtiger, in der Ewigkeit bei Gott zu sein, als hier auf der Erde siebzig oder achtzig Jahre lang gesund zu bleiben.

So haben wir hier in Itzehoe und auch in Husum feste Zeiten eingerichtet – die wir sogar in der Zeitung bekanntgeben –, in denen wir bereit sind, für Kranke und Hilfsbedürftige zu beten; Zeiten, in denen wir einfach «da sein» wollen, wenn andere Menschen in Not sind.

Frau M. kam zu uns ins Gebet. Sie war schon mehrfach an Krebs operiert worden, hatte etliche Bestrahlungen und zwei Chemotherapien bekommen und sollte jetzt wieder zur Chemotherapie. Sie war sehr schwach, litt unter starken Schmerzen und hatte große Angst vor dieser erneuten Therapie, denn sie vertrug sie so schlecht. Sie litt unter Übelkeit, erbrach ständig und war völlig kraftlos. Sie hatte auch seit vielen Monaten einem sogenannten Heiler vertraut, der zu ihr ins Haus kam, aber es war nur immer schlimmer mit ihr geworden. Jetzt war sie am Ende mit ihrer Kraft und suchte bei Jesus Hilfe. Wir erzählten ihr von Gottes großer Liebe: daß dieser große, allmächtige Gott in Jesus Christus zu uns auf diese Erde gekommen ist, weil Er das Elend der Menschen gesehen hat.

Ich sagte ihr: «Jesus hat gepredigt und aufgerufen: Kehrt um von eurer Sünde und Schuld, bringt eure Krankheit und Schmerzen, ich will euch helfen, damit ihr heil werdet! Er hat sich geopfert und all unsere große Schuld mit in den Tod genommen. Das gilt für jeden von uns; ja, auch für Sie hat Er das getan. Er kennt ja Ihre Not und hat auch für Sie das ewige Leben bereit, wenn Sie ihm vertrauen. Denn Er ist auferstanden und lebt und hat denen, die an ihn glauben, gesagt: *Ich lebe, und ihr sollt auch leben* (Johannes 14,19). Die Entscheidung, wo wir die Ewigkeit verbringen, fällt hier auf der Erde. Gott zwingt niemanden. Er läßt uns unseren freien Willen. Dieses Leben ist ja nur kurz, aber die Ewigkeit ist lang, und die möchte ich nicht in der Gottesferne, in der Verlorenheit zubringen. Deshalb kommt es auf meine persönliche Beziehung zu Jesus Christus an.»

Da begriff Frau M., daß sie sich von dem falschen Weg lossagen mußte, und bat Jesus um Vergebung. Sie brachte ihre Schuld und Sünde vor Gott, und wir durften ihr zusagen: «Jesus hat Ihnen vergeben.»

Dann baten wir Jesus um sein Eingreifen, um seine Hilfe. Frau M. kam noch zweimal ins Gebet und hat Jesus als ihren Herrn angenommen. Doch die neue Therapie hat sie nicht mehr überstanden. Sie ist heimgegangen, sie ist errettet und bei unserem Herrn. Wie dürfen wir dankbar sein, daß sie diesen Weg noch gefunden hat. Welch ein Trost ist das für ihre Angehörigen.

Ganz anders erlebte es Frau B. Als ich vor etwa vier Jahren in ihrer Stadt ein Seminar abhielt, erzählte man mir von ihrer schweren Krebserkrankung und bat mich, sie zu besuchen und mit ihr zu beten. Sie war operiert worden und hatte Bestrahlungen und eine Chemotherapie hinter sich, fühlte sich aber sehr schwach. Deshalb beteten wir und flehten Jesus um Hilfe an. Doch bald darauf meldete sie sich bei mir zu Hause am Telefon: Es waren Metastasen an der Leber, der Milz und im Darmbereich festgestellt worden. Die Angst packte sie. Ja, es sah wirklich nicht gut aus. Sie mußte sich erneut dieser furchtbaren Behandlung unterziehen, aber wir blieben in ständigem Kontakt und telefonierten und beteten manchmal drei- bis viermal in der Woche. Wir hatten beide eine ganz große Glaubenszuversicht, und sie brauchte diesen Halt. Sie brauchte Jesu Hilfe, und sie vertraute ihm. In einem Jahr mußte sie allein fünf Operationen über sich ergehen lassen, das war eine furchtbare Zeit. Es schien nichts mehr zu greifen. Vor anderthalb Jahren sagte man ihr sogar in einer Klinik: «Es tut uns leid, wir können nichts mehr für Sie tun.»

Das war das Todesurteil, und allein die Gebete und die Gewißheit, daß Jesus alles in seiner Hand hat, hielten sie noch aufrecht. Also beteten wir immer weiter, und sie vertraute fest auf unseren Herrn. Es gab Tage, da rief sie drei-, viermal an, weil sie so unerträgliche Schmerzen hatte. Wir beteten dann, und sie verlor den Mut nicht. Als Folge der vielen Operationen traten natürlich immer wieder Narbenschmerzen und Verdauungsstörungen auf. So ging es monatelang. Doch als dann die nächste Computertomographie anstand, stellte man fest: Die Metastasen sind weg! Es war unglaublich. War das eine Freude, eine Befreiung von einer unendlichen Last! Drei Monate später fand die nächste Kontrolluntersuchung statt. Ja, es war wirklich so, es wurden keine Metastasen mehr gefunden.

Können Sie sich vorstellen, wie Frau B. zumute ist? Sie hat zwar immer noch starke Schmerzen durch das Narbengewebe, aber vom Krebs ist sie geheilt. Ich kann immer nur staunen, wie unser Herr eingreift. Er hat wahrhaft alles in seinen Händen. Ihm allein sei Dank und dem Vater durch ihn!

Da kam ein Hilferuf am Abend. Bei mir zu Hause hatte sich eine *Weggemeinschaft* versammelt. Wir nennen die Treffen unserer Gruppen so, weil wir durch die Stelle Jesaja 30,21, wo es heißt: *Dies ist der Weg; den geht! Sonst weder zur Rechten noch zur Linken!* erkannt haben, daß unser Dienst vor allem missionarisch sein soll.

So sind unsere Gruppen stets offen für Gäste und jeden Außenstehenden, der fragend ist und ernsthaft Gott sucht. Also waren wir auch an jenem Abend in intensive Gespräche vertieft, als das Telefon klingelte. Herr D. war am Apparat, ein guter Bekannter von mir.

«Frau Anton», rief er, «bitte beten Sie! Ich hatte einen Gehörsturz, jetzt, gerade am Abend. Ich kann gar nichts mehr hören. Statt dessen ist ein furchtbares Rauschen und ein durchdringender Pfeifton in meinem Ohr. Bitte beten Sie!»

Ich ließ natürlich die Gruppe Gruppe sein, übertrug die Leitung einer Mitarbeiterin, und Herr D. und ich beteten zu Gott. Wir waren ganz eins im Glauben an Jesus Christus. Er allein kann helfen, denn ihm hat der Vater alle Macht gegeben. So vertrauten wir ihm.

«Bitte, Herr, greif du ein. Du allein schaust doch ins Verborgene, nur du kennst die Ursache dieses Gehörsturzes. Bitte nimm du aus dem tiefsten Inneren des Ohres jegliche Blockade und fördere du die ganze Durchblutung und Belüftung des Gehörnervs und des Innenohrs.»

Wir baten Jesus, alle Bestandteile des Ohrs, Gehörgang, Schnecke, die kleinen Knöchelchen und das Trommelfell völlig zu reinigen und alles wieder voll funktionsfähig zu machen. Er allein konnte doch das Rauschen und den Pfeifton wegnehmen und die alte Hörfähigkeit wiederherstellen. Außerdem war es mir sehr wichtig, Jesus zu bitten, daß Er alle Hektik und alle Unruhe von Herrn D. nehmen und ihn mit tiefer Gelassenheit und Zuversicht erfüllen möchte. Dann wünschte ich Herrn D. Gottes Frieden und Segen für diese Nacht. Am nächsten Morgen wollte er gleich zum Hals-Nasen-Ohren-Arzt gehen.

Am späten Abend telefonierte ich noch mit einer befreundeten Ärztin und erzählte ihr, natürlich ohne Namensnennung, von diesem Vorfall. Sie reagierte ganz erschrocken. «Du mußt sofort zurückrufen, er muß gleich in die Klinik, um Infusionen zu bekommen, sonst können irreparable Schäden entstehen. Bitte ruf ihn an!»

Mittlerweile war es nach dreiundzwanzig Uhr geworden, und ich kämpfte mit mir. Sollte ich Herrn D. jetzt noch anrufen? Ich scheute mich – ich würde ihn sicher im Schlaf stören.

Also ließ ich es und betete allein weiter um Gottes Eingreifen und seine Heilung.

Am nächsten Morgen erwachte Herr D. Er konnte es nicht fassen: Die Geräusche waren weg. Er war gesund. Kein Rauschen, kein Pfeifton – nichts. Alles war wie vorher. Er ging trotzdem zum HNO-Arzt, aber der konnte auch nur bestätigen: «Sie sind gesund.»

Natürlich rief er mich gleich an. Was glauben Sie, wie groß unsere Freude war, daß Herr D. das Eingreifen Jesu so spontan erleben durfte. So konnten wir unserem Herrn nur in tiefer Demut danken: «Ja, was bist du für ein wunderbarer Gott!»

In jedem Jahr veranstalten wir mit unseren Gruppen in den Sommerferien eine Freizeit. Wir fahren entweder in den Osten oder auch mal in den Süden, je nachdem, wo wir ein schönes, günstiges Quartier finden. Wir wollen gern das erleben, was über die urchristliche Gemeinde in der Bibel steht: *Sie blieben aber beständig in der Apostel Lehre und in der Gemeinschaft und im Brotbrechen und im Gebet* (Apostelgeschichte 2,42).

Vierzehn Tage sind wir dann stets unterwegs, und dieses Zusammenleben tut uns allen immer sehr gut. Schon vor dem Frühstück treffen wir uns zu einer längeren Lob- und Gebetszeit, um Jesus für Schutz und Bewahrung zu danken und mit ihm in den neuen Tag zu gehen. Nach dem Frühstück erarbeiten wir einen Bibeltext. Die Themen verteile ich schon sechs Wochen vor der Abreise hier zu Hause. Jeder der Teilnehmer soll möglichst einmal die Leitung einer solchen Vormittags-Bibelarbeit haben. Zu Hause kann er sich schon darauf vorbereiten. Manchmal machen es auch zwei zusammen, aber mir ist wichtig, daß jeder einmal drankommt und auch die Verantwortung hat.

Am Nachmittag unternehmen wir Fahrten, da sind Freizeit, Urlaub und Erholung angesagt. Am Abend jedoch machen wir wieder etwas gemeinsam, lesen und besprechen ein Buch, grillen oder veranstalten, wenn Gäste kommen, einen Zeugnisabend. Krönender Abschluß ist ein Agapemahl am letzten Abend. So ist es immer eine vielseitige Freizeit und ein sehr abwechslungsreicher Urlaub, auf den sich alle schon lange zuvor freuen.

Im letzten Jahr wurde unsere Rita gleich am zweiten Tag von Bremsen gestochen, von diesen großen, graubraunen Tieren, die sich gerne auf Pferden festsetzen und sich dann einsaugen. Zwei Stiche hatte sie am Oberschenkel, die ganz schnell zu handtellergroßen, feurigroten Flecken anschwollen. Sie juckten sehr und brannten. Rita versuchte sich mit einer Creme Linderung zu verschaffen, aber es half nichts. Zwei Tage später waren wir in die nächste größere Stadt gefahren. Es war herrliches warmes Wetter, und wir saßen am Nachmittag draußen in einem Straßencafé, als Rita entschlossen aufstand und sagte: «So, ich gehe jetzt zu einem Arzt. Diese Schwellungen gehen nicht zurück, ich habe sie jetzt schon zwei Tage, und es brennt immer mehr. Nein, da muß etwas geschehen.»

Weg war sie. Wir tranken weiter genüßlich unseren Kaffee oder aßen Eis, da kam sie schon zurück. «Nein, so was», stöhnte sie, «heute ist ja Mittwoch, da hat nachmittags kein Arzt Sprechstunde. Ich werde jetzt zum Notarzt gehen, denn so geht es nicht weiter.»

Wieder war sie weg, aber in mir zog sich etwas zusammen. Ich sagte zu denen, die um mich herum waren: «Es ist doch nicht zu fassen. Begreift ihr das? Wir sind Christen, und unser Herr ist der beste Arzt. Warum kommt sie nicht zum Beten?»

Zu Rita hatte ich absichtlich nichts gesagt, denn in Jakobus 5,14 steht: *Ist jemand unter euch krank, der rufe zu sich die Ältesten der Gemeinde, daß sie über ihm beten.*

Während wir noch redeten, sahen wir sie zurückkommen und schauten ihr erwartungsvoll entgegen.

«Stellt euch vor», schnaubte sie entrüstet, «nicht einmal ein Notarzt ist greifbar. Wo gibt es denn so was?»

«Und du», sagte ich, «warum kommst du nicht zu dem besten Arzt, den wir haben?»

Da begriff auch sie und sagte beschämt: «Laß uns nachher gleich beten, wenn wir zu Hause sind.»

Als wir wieder in der Pension waren, legten wir ihr die Hände auf und baten Jesus, Er möge doch helfend eingreifen. Er möge diese Anschwellung zurückbilden und das Gift aus dem Gewebe nehmen. Er allein konnte sie von dem brennenden Juckreiz befreien und sie heilen. Wir baten um sein Erbarmen und um seine Heilung.

Wir staunten, am nächsten Morgen war eine Stelle schon gar nicht mehr sichtbar. Um den zweiten Stich war noch ein Kreis etwa von der Größe eines Groschens. So schnell hat Jesus eingegriffen.

Da konnten wir nur Dank sagen. Was haben wir für einen wunderbaren Gott!

Nicht so schnell allerdings kam unsere Gret davon. Schon seit über drei Monaten litt sie an Furunkeln. Zu Hause war sie schon mehrfach daran operiert worden, doch immer wieder hatten sich in der Tiefe neue Eiterherde gebildet, so daß der Arzt jedesmal tiefer in das Gewebe hineinschneiden mußte, um die entzündlichen Herde von Grund auf auszuräumen. Der letzte Eingriff war etwa vierzehn Tage vor Beginn des Urlaubs gewesen, das Gewebe schien jetzt wirklich zu heilen. Doch als wir einige Tage in der Freizeit waren, spürte Gret erneut Schmerzen. Sollte sich da etwa im Untergrund wieder ein Abszeß entwickeln? Das war ihre Angst, und tatsächlich traten die Schmerzen verstärkt auf. Nach einer Woche mußte sie zum Arzt, der sie sofort ins Krankenhaus überwies. Die Wunde war wieder von unten her vereitert und hatte sich zudem noch ausgedehnt. Da half nur eine sofortige Operation.

In der Pension hatte sich eine Gebetsgruppe zusammengefunden. Grets Mann Lars und ich fuhren in die Klinik, um bei ihr zu sein und mit ihr und für sie zu beten. Bis an den Operationssaal durften wir mitkommen, hielten ihre Hand und sprachen ihr tröstend zu: «Jesus ist da, du bist nicht allein.»

Wir beide bezogen vor dem OP auf dem Flur Stellung. In unseren Gruppen ist es für uns einfach selbstverständlich, wo auch immer einer von uns operiert wird, daß Beter für die Dauer der Operation vor dem Operationssaal betend dabei sind.

Wir baten Jesus, daß Er den ganzen Operations-saal reinigen möchte, und stellten Gret, den operierenden Arzt, den Anästhesisten und alle, die an dieser Operation beteiligt waren, unter Jesu Schutz. Ihm legten wir diesen ganzen Eingriff hin. Da Er ja ins Verborgene schaut, würde Er die Blicke des Chirurgen leiten, seine Hände führen und auch Sorge tragen, daß die Narkose richtig dosiert würde. Für alle Beteiligten beteten wir, lobten Gott und dankten ihm schon jetzt für das, was Er an Gret tun würde.

Wir waren sicher, Er würde sie auch vor Komplikationen bewahren.

Um 16:30 Uhr war endlich alles überstanden. Gret wurde aus dem OP herausgefahren. An ihrem Bett konnten wir weiter mit ihr beten und Gott loben und danken, daß Er alles wunderbar ausgeführt hatte.

Als wir in die Pension zurückgekehrt waren, bestürmten uns unsere Glaubensgeschwister natürlich mit Fragen. «Wie war es? Wie geht es Gret? Wie lange hat die Operation gedauert?»

Als die daheimgebliebenen Beter hörten, daß nach zweieinhalb Stunden die Operation beendet war, konnten wir nur alle wieder mal über Gottes Timing staunen. Genau zu der Zeit hatten die in der Pension Betenden das Empfinden, jetzt sei alles überstanden. Sie hatten da ihr Gebet beendet.

Wir erleben immer wieder, daß an unterschiedlichen Orten Betende untereinander so eins sind, daß sie durch Gottes Geist ein Gespür dafür haben, wann sich im Gebetsanliegen etwas ändert oder zu welchem Zeitpunkt ein Gebetsanliegen beendet ist.

In der folgenden Woche hatten wir einen Besuchsdienst für Gret eingerichtet. Jeden Vormittag und auch nachmittags fuhren jeweils zwei aus unserer Gruppe zu ihr, um mit ihr zu beten und ihr das Gefühl zu vermitteln, daß sie nicht aus unserer Gemeinschaft ausgeschlossen war. Als wir am Sonnabend darauf die Heimreise antraten, durften wir sie aus dem Krankenhaus nach Hause nehmen, und sie überstand die Reise wunderbar. Es sind keine Komplikationen eingetreten, und sie ist endgültig gesund geworden. Dank sei dem Herrn.

Solche Erlebnisse machen das Leben mit unserem Herrn unendlich reich. Es ist mein ganz tiefes Verlangen, immer sensibler zu werden für Gottes Reden und für seinen Willen.

An den Nachmittagen machten wir, wie gesagt, Fahrten in die nähere und weitere Umgebung, um auch die Gegend genauer kennenzulernen. So bummelten wir eines Tages durch eine größere Stadt und kamen dort auf einen sehr schön angelegten Marktplatz. Ein mit vielen Blumen bepflanzter Springbrunnen stand in der Mitte. Das verlockte uns dazu, uns dort aufzustellen und mit Lobliedern und Kanons Gottes Herrlichkeit zu rühmen. Die Freude der Vorübergehenden war groß. Einige blieben stehen und kamen mit uns ins Gespräch, andere fotografierten. Es kamen sogar zwei aus dem Ort, die sich einfach zu uns stellten und mitsangen. Ja, so ist man eins in Jesus. Es war für uns alle eine große Freude.

Am Ende des prächtigen Platzes stand eine sehr schöne Kirche. Sieben breit angelegte Stufen führten zum Portal hinauf, und wir hatten früher schon einmal auf diesen Stufen gestanden und unserem Herrn zur Ehre Loblieder gesungen. Jetzt wollten wir die Kirche auch von innen kennenlernen. So gingen wir hinein. Tiefste Ruhe umfing uns. Welch ein Gegensatz zu dem Getümmel da draußen auf den Straßen und auf dem Platz. Ich wagte kaum zu atmen, so spürbar war Gottes Gegenwart. Da konnte ich mich wirklich selbst ganz in Jesus und in seine Heiligkeit hineinfallen lassen. Ein überirdischer Friede nahm mich gefangen, so daß ich bis ins tiefste Innerste erschüttert war und mir die Tränen übers Gesicht liefen. Was war das für ein Erlebnis!

Unsere ganze Gruppe war so beeindruckt, daß wir beschlossen, am nächsten Sonntag dort in den Gottesdienst zu gehen. Als wir die Kirche verließen, fand unser Rainer ein Blatt mit der Ankündigung, daß am Sonnabend ein Gemeindefest stattfinden sollte. «Was muß das für eine Gemeinde sein», dachten wir, «da werden wir hingehen.» Das stand für uns fest.

So fuhren wir also am Sonnabend nachmittags wieder in diesen Ort. Auf dem langen, ausgedehnten Marktplatz waren auf einer Seite lauter Tische und Bänke aufgestellt, auf der gegenüberliegenden Seite standen viele Stände mit Informationsmaterial von allen möglichen Organisationen. Büchertische, Losverkäufer und vieles mehr war da vertreten. Auch Kaffee und Kuchen konnte man kaufen. So war für alles gesorgt. In der Mitte des Platzes war eine große Bühne aufgebaut, auf der die Tanzgruppen der Kinder und Jugendlichen aus den verschiedenen Gemeinden Tänze zur Aufführung brachten. War das ein Lärmen und Schnattern auf diesem Platz! Dabei wurde das alles aber noch übertönt von einer Band, die mit harten Rhythmen und lauter Musik die Anwesenden zu unterhalten versuchte.

Irgendwann wurde mir dieses Treiben zuviel, und ich flüchtete in die Kirche. Doch was war das? War das noch die Kirche von Mittwoch? Ich traute meinen Augen nicht. Vor dem Altar standen etliche weiße Tischchen mit Stühlen wie in einem Gartencafé – und der Altarraum war zu einem Podium geworden. Ich war fassungslos: Das konnte doch nicht sein!

Aber es kam noch schlimmer. Links neben der Eingangstür war eine Theke aufgebaut. Meine Begleiterin las mir vor, was dort alles zum Kauf angeboten wurde: Wasser, Sekt, Säfte; sogar ein Bierfaß stand zum Anstich bereit. Außerdem sollten da Crêpes gebacken werden. Und das in dieser Kirche? Nein, das war zuviel! Eine unbeschreibliche Wut stieg in mir auf, und zornig lief ich aus dieser Kirche heraus. In mir tobten die Gedanken. Was haben die Menschen bloß aus diesem heiligen Haus gemacht? Wie wollen sie so ein Treiben vor Gott verantworten? Das war ja ein Mißbrauch, eine Entweihung ohnegleichen. Ich zog Siglinde, meine treue Begleiterin, hinter mir her. Hier mußte etwas geschehen. Wir steuerten auf den ersten gut gekleideten Herrn zu, der so aussah, als sei er verantwortlich für diese Kirche.

«Verzeihen Sie bitte, daß ich Sie anspreche», wandte ich mich an ihn, «aber haben Sie etwas mit dieser Kirche zu tun?»

«Nein», sagte er, «nicht unbedingt.» (Ich vermutete, er gehörte zum Kirchenvorstand.)

Ich stellte mich ihm kurz vor und fragte ihn: «Können Sie mir bitte einen verantwortlichen Pastor für diese Gemeinde zeigen? Oder vielleicht den Propst?»

«Ja», meinte er, «der Herr Dekan ist hier, nur sehe ich ihn im Moment nicht. Aber dort, dieser große dunkle Herr da hinten, das ist Herr Pastor A.»

Wir bedankten uns freundlich und bahnten uns einen Weg durch die Menge hin zu dem Pastor. Ich stellte mich ihm kurz vor, doch als er mein Anliegen hörte, meinte er, auch er sei nicht verantwortlich für das, was in der Kirche vorgesehen war.

«Da müssen Sie schon mit dem Herrn Dekan sprechen.»

«Ja, den suche ich ja gerade», erklärte ich ihm, «aber ich kenne ihn nicht. Bitte helfen Sie mir doch. Können Sie mir sagen, wo ich ihn finde?»

Er schaute sich suchend um. «Da», wies er auf einen Herrn, der etwa zehn Meter entfernt stand, «das ist der Herr Dekan, der da mit dem Herrn im dunklen Anzug spricht.»

Wir bedankten und verabschiedeten uns höflich und warteten in einiger Entfernung ab, bis die beiden Herren das Gespräch beendet hatten. Dann endlich erwischte ich den Herrn Dekan. Ich bat um Entschuldigung, daß ich ihn einfach so ansprach, und stellte mich ihm kurz vor: Woher ich kam und daß ich hauptberufliche Beterin bin und jetzt mit meiner Gruppe in dieser Gegend eine Freizeit verlebte. Dann erzählte ich von unserem Besuch am Mittwoch in dieser Stadt und dem tiefen Eindruck, den Gottes Gegenwart in dieser Kirche so spürbar hinterlassen hatte, so daß wir beschlossen hatten, am Sonntag wieder hierher in den Gottesdienst zu kommen.

Der Dekan schaute mich freundlich an und nickte bestätigend. Er hatte sicher nicht erwartet, was nun kam; denn ich berichtete von dem Entsetzen, das mich gepackt hatte, als ich heute wieder in die Kirche kam und sah, was da geplant und vorbereitet war. «Was ist nur aus diesem Gotteshaus gemacht worden, in dem Gottes Heiligkeit am Mittwoch so gegenwärtig war?»

«Nun», meinte er, «Kritik ist erlaubt, ja, aber wir veranstalten immerhin ein Gemeindefest und sind dankbar für diesen schönen, großen Raum.»

«Es ist herrliches, warmes Sommerwetter, man hätte dieses ganze Fest genausogut draußen auf dem wunderschönen Platz feiern können», schlug ich ihm vor und fragte dann: «Was hätte Jesus wohl gesagt, wenn Er dieses ganze Treiben in der Kirche gesehen hätte?»

Der Herr Dekan schwieg.

«Rausgeworfen hat Er die Händler aus der Kirche und hat gesagt: *Mein Haus soll ein Bethaus heißen* (Matthäus 21,13). – Ich sage Ihnen im Namen meiner Gruppe, in diese Kirche werden wir morgen nicht zum Gottesdienst kommen.»

«Oh, Sie können trotzdem kommen», empfahl er uns, «die Veranstaltung dauert nur bis dreiundzwanzig Uhr, dann wird die Kirche wieder gereinigt.»

Ich wagte nicht mehr zu fragen, welche Reinigung er meinte, die räumliche oder die geistliche. Nicht nur unsere Gruppe, sondern auch Einheimische, die mit uns am Tisch saßen, waren betroffen von dem, was sich in der Kirche abspielen sollte.

«Ach», sagte jemand aus der Gemeinde B. in der Nähe, «wenn doch unser Pastor O. hier wäre, der würde uns verstehen. Aber ich sehe ihn nirgends. Er ist wohl gar nicht erst gekommen.»

«Dann werden wir morgen da in den Gottesdienst gehen», sagte ich. «Bitte erklären Sie uns den Weg, wie wir dorthin kommen.»

Inzwischen war es achtzehn Uhr geworden. Es sollte vor der Bühne ein Gottesdienst im Freien stattfinden. Der Chor sang sehr schön, aber dann kam eine Dialogpredigt über eine Novelle von Tolstoi über das Thema «Was ist Glück?» Es war nicht zu fassen, wirklich trostlos. Kein Wort von der Liebe Gottes, kein Wort von Jesus, von seiner Errettung. Nichts. Eine Weile hörten wir noch zu, aber in mir tobte es: Du mußt hier weg.

Ich schaute mein Gegenüber an, machte eine Kopfbewegung nach rechts; ich stand auf, sie stand auf, alle standen auf. Traurig verließen wir diesen Platz. Das reichte uns! Betroffen gingen wir zu unseren Autos, und Rainer meinte treffend: «Da sind nun über tausend Menschen versammelt. Was für eine Gelegenheit, das Evangelium zu verkünden, Jesus und seine einzig rettende Botschaft zu bezeugen. Und nichts geschieht! Da wird so eine Chance vertan!»

Ziemlich verzweifelt fuhren wir heim. Darum bot ich unseren Leuten an: «Laßt uns das Programm für heute abend ändern und uns zu einem Lob- und Gebetsabend zusammensetzen. Ich denke, wir haben es alle nötig.»

Keiner schloß sich aus, alle kamen sie, wir waren ganz eins in Jesus Christus, eins in der Buße, im Danken, im Loben. Wir hatten alles losgelassen, was uns bedrückte. Und Jesus baute uns ganz neu auf, so daß wir getrost und unbeschwert in diese Nacht gehen durften.

Ja, auch das ist Leben unter Jesu Augen.

Am nächsten Morgen fuhren wir dann wie versprochen nach B. zum Gottesdienst. Dort war eine wunderschöne alte Dorfkirche. Zwar predigte nicht Herr Pastor O., von dem uns seine Gemeindemitglieder am Vortag erzählt hatten, sondern ein älterer, schon pensionierter Pastor. Er verkündete die Botschaft der Bibel mit so großer Vollmacht, daß wir alle dankbar waren. Jesus stand absolut im Mittelpunkt dieses Gottesdienstes, so daß Rainer nachher nur meinte: «Wißt ihr, wenn diese Botschaft gestern den über tausend Menschen auf dem Marktplatz verkündet worden wäre, was hätte das bewirken können! Schade, daß diese Chance nicht genutzt wurde.»

Nach dem Gottesdienst sprachen wir vor der Kirche noch mit einigen Leuten aus der Gemeinde. Da kam ein großer, schlanker Herr zu mir und sagte: «Sie sind hier wohl fremd?»

«Ja», erzählte ich, «wir verleben hier in einem Nachbarort eine Freizeit. Und Sie, sind Sie hier im Kirchenvorstand?»

«Nein», antwortete er, «ich bin Pastor O.»

Können Sie sich vorstellen, wie groß unsere Freude war? Nun hatten wir ihn doch noch kennengelernt. Wir kamen in ein ganz munteres Gespräch über Gebet, Freizeit und Gottesdienst. Wir waren ganz auf einer Linie mit ihm.

«Kommen Sie doch nächsten Sonntag wieder in unseren Gottesdienst!» lud er uns ein. «Wir werden ihn draußen auf der Wiese feiern. Wie wär's, wenn Sie dort mit Ihrer Lobpreisgruppe singen würden? Wir würden uns sehr freuen.»

«Schade, aber am nächsten Sonntag sind wir schon wieder auf der Heimfahrt.»

Doch wir alle sind sicher: Wenn wir noch einmal in diese Gegend kommen, werden wir gewiß mit Pastor O. und seiner Gemeinde gemeinsam einen Gottesdienst feiern. Wir alle freuten uns sehr über diese Begegnung. Ich bin immer wieder erstaunt, wie reich Gott uns beschenkt und wie Er uns stets mit neuen Menschen zusammenführt, mit denen man sich sofort versteht, obgleich man sich vorher gar nicht kannte. Aber das ist das Einssein im Glauben, das Einssein in Jesus Christus. Gewiß, ich hatte, bevor ich Christ wurde, auch als Geigerin ein interessantes Leben, aber es ist mit dem heutigen in keiner Weise vergleichbar. Das ist gerade Gottes großes Geheimnis, daß Er uns heute führt, wie Er es vorgesehen hat, und nicht mehr so, wie wir es möchten. Er allein hat unbegrenzte Möglichkeiten. Wenn ich im Gehorsam ja sage und mich seiner Führung unterstelle, erlebe ich die wunderbarsten Überraschungen. Das gerade ist es doch, was mein Leben so spannend macht.

So kam eines Tages aus Stralsund ein Anruf. In der Familie L. herrschte große Not. Da ich gerade auf halber Strecke ein Seminar abzuhalten hatte, holte Herr L. mich dort ab. Ich fuhr mit ihm nach Stralsund. Einige Tage blieb ich dort. Wir beteten viel für alle Schwierigkeiten und Anliegen und brachten die ganze Not der Familie vor Gott. Jesus war wirklich gegenwärtig und griff auf wunderbare Weise ein. Herr und Frau L. erfuhren viel Befreiung und Hilfe. So konnte ich nach einigen Tagen beruhigt die Heimreise antreten.

Da ich fast blind bin und nur noch aus den Augenwinkeln die Umrisse etwas erkennen kann, wollte Herr L. mich nach Hause fahren. Doch das fand ich eine Zumutung für ihn; das war mir zu viel Aufwand. Daher entschlossen wir uns, daß ich mit der Bahn bis Hamburg fahren würde. An großen Bahnhöfen gibt es ja die Bahnhofsmission, die hilfsbedürftigen Menschen beim Umsteigen hilft. So wurde also von Stralsund aus die Bahn-hofsmission in Hamburg angerufen und gebeten, mich aus dem um 15:10 Uhr ankommenden Zug abzuholen und in den eine halbe Stunde später abfahrenden Zug nach Westerland zu bringen.

Die Fahrt nach Hamburg verlief unbeschwert, die Schaffnerin kam und fragte mich, ob ich Hilfe brauchte. Aber ich erklärte ihr, daß die Bahnhofs-mission benachrichtigt sei, so daß ich hoffen konn-te, beim Umsteigen keine Schwierigkeiten zu ha-ben. Sehr lieb meinte sie dann: «Wenn Sie Hilfe brauchen, sagen Sie bitte Bescheid. Ich schaue im-mer mal nach Ihnen.»

Als ich in Hamburg ankam, war jedoch nie-mand da, der mich in Empfang nehmen wollte. Da stand ich nun ziemlich hilflos auf dem Bahnsteig und wartete. Die Schaffnerin kam angelaufen: «Werden Sie nicht abgeholt?»

«Offensichtlich nicht», meinte ich. «Ob man den Auftrag hier wohl vergessen hat? Was mach ich nur?»

Sie lief weg und kam schnell mit einem Gepäck-träger zurück. «Bitte», beauftragte sie ihn, «brin-gen Sie doch die Dame zum Bahnsteig fünf, zum Zug nach Westerland.» Und weg war sie. Wie war ich froh und dankbar! Der Gepäckträger, ein sehr freundlicher Mann, brachte mich zum richtigen Bahnsteig. Da saßen zwei Männer auf Stühlen.

«Ach bitte», sagte er zu dem einen, «würden Sie der Dame wohl bitte Ihren Platz geben?»

Immerhin hatte ich ja noch zwanzig Minuten Zeit bis zur Abfahrt des Zuges. Sofort überließ der Mann mir den Platz. Da saß ich nun und schaute aus den Augenwinkeln, so gut ich es erkennen konnte, meinen Nebenmann an. Er trug eine Uniform und hielt eine weiße Mütze in der Hand. Er war also Marinesoldat. Sicher wollte auch er hinauf zur Nordsee fahren. Kurz bevor der Zug einfuhr, wandte ich mich an ihn und fragte höflich: «Ach, bitte, würden Sie mir wohl beim Einsteigen helfen? Ich bin fast vollständig blind und muß nach Itzehoe.»

«Aber gerne», sagte er. «Ich fahre zur Nordsee und habe die gleiche Strecke. Ich komme mit Ihnen.»

Er nahm meinen Koffer, suchte mir im Zug einen guten Platz und setzte sich neben mich. Er war ein sehr freundlicher junger Mann, und so entwickelte sich sehr schnell ein Gespräch zwischen uns. Er erzählte von seinem Wehrdienst und von einer großen Reise, die demnächst stattfinden sollte. Diese Reise würde über ein halbes Jahr der Ausbildungszeit beanspruchen.

Er fühlte sich wohl von mir verstanden, denn anschließend sprach er über seine privaten Angelegenheiten. Er war im Zivilberuf im Hotelfach tätig und hoffte, nach seiner Dienstzeit dort wieder einsteigen zu können. Ich hörte ihm sehr interessiert zu, aber innerlich dachte ich: «Herr, bitte hilf du doch! Wie spanne ich nur den Bogen vom Hotelfach zum Zeugnis für dich?»

Es brennt uns doch auf der Seele, diesen einzig rettenden Weg, der Jesus heißt, den Menschen nahezubringen. Das ist unser tiefstes Verlangen. Den Auftrag hat uns unser Herr gegeben: *Gehet hin und macht zu Jüngern* ... (Matthäus 28,19). Nicht etwa tranig zu Hause sitzen sollen wir, nein, wir sollen hinausgehen und diese Botschaft jedem bringen, den uns der Herr gegenüberstellt. Das ist uns wichtig.

Da höre ich diesen jungen Mann plötzlich fragen: «Und Sie, was machen Sie denn so alleine in Stralsund, wo Sie doch gar nicht sehen können?»

Im tiefsten Herzen dachte ich: «Oh, was bist du doch für ein wunderbarer Herr! Ich danke dir für diese Brücke.»

So konnte ich dem jungen Mann fröhlich erzählen, daß ich hauptberuflich Beterin bin und in Stralsund einen Gebetsauftrag durchzuführen hatte. Er sah mich kopfschüttelnd an: «Beterin als Beruf? Das kann ich mir nicht vorstellen. Und mit Gott hab ich überhaupt nichts im Sinn. Ich gehe nicht in die Kirche.»

«Aber wir alle brauchen Gott, auch Sie», erwiderte ich und brachte ihm die ganze Botschaft von Gottes Liebe und von Jesu Kommen in diese Welt; daß Er sich geopfert hat, auch für ihn, und auferstanden ist und lebt.

Das nahm er mir nicht ab. Nein, Jesus sei tot, er könnte ihn ja auch gar nicht sehen.

«Aber Er ist erfahrbar.»

«Erfahrbar? Wie meinen Sie das?»

So durfte ich ihm erzählen, daß Jesus gesagt hat: *Rufe mich an in der Not, so will ich dich erretten* (Psalm 50,15).

«Er wird uns hören. Ist das nicht wunderbar?»

«Wunder?» Er sah mich ungläubig an. «Glauben Sie denn etwa an Wunder?»

Da kam mir ein Gedanke. Ich erzählte, daß ich von einem Verlag den Auftrag bekommen hätte, über die «Wunder», die Gott tut und die wir durch Gebet immer wieder erleben, ein Buch zu schreiben.

«Was?» sagte er und sah mich plötzlich hellwach und interessiert an, «Sie schreiben ein Buch darüber?»

«Ja», bestätigte ich, «und wenn es Sie interessiert, werde ich es Ihnen zuschicken, sobald es erscheint.»

Er war ganz begeistert und schrieb mir sofort seine Adresse auf eine Karte. Kühn geworden, zog ich aus meiner Handtasche die Postkarten mit Bibelsprüchen, die ich für solche Zwecke immer bei mir habe, hielt sie ihm verdeckt, aber aufgefächert hin und ermunterte ihn: «Ziehen Sie doch mal eine! Gott wird Ihnen sicher auch etwas sagen wollen.»

Er zog eine Karte und fand den Spruch: *Gott ist Liebe, und wer in der Liebe bleibt, der bleibt in Gott und Gott in ihm* (1. Johannes 4,16).

«Na, sehen Sie, Gott hat Sie lieb. Er wartet nur darauf, daß Sie sich auf den Weg machen, ihn zu suchen.»

Wir hätten uns noch lange unterhalten können, aber mittlerweile war der Zug in Itzehoe angekommen, und fürsorglich half er mir beim Aussteigen. Er winkte sogar noch, als ich mich umdrehte. Ich bin sicher, da hat Gott ein wunderbares Samenkorn gelegt. Möge es aufgehen und ihm zum Segen werden. Genau wie das Buch, das ich ihm inzwischen geschickt habe. Was ist das für eine Freude, wenn man so durch den Tag geführt wird und erkennt: Da hat Jesus längst den Weg und die Menschen vorbereitet und gibt uns den Mut für diesen Dienst.

Unterwegs
mit der besten Nachricht
der Welt

In unserer Weggemeinschaft haben sich Menschen zusammengefunden, denen es ein ganz dringendes Bedürfnis ist, bei besonderen Gelegenheiten, beispielsweise an Weihnachten oder Ostern, ins Krankenhaus oder in Altersheime zu gehen, um den alten und kranken Menschen Freude zu bereiten. Wir werden oft schon ungeduldig erwartet, und ich sehe mit Erschrecken, wie wenig Chöre und Gruppen bereit sind, diesen Dienst freiwillig zu übernehmen.

Wir bereiten dann immer eine kleine Andacht vor, singen neue, aber auch alte, bekannte Lieder und erleben es immer wieder, daß die alten Menschen fröhlich mitsingen. Wir beten dann für die Verwaltung, die Mitarbeiter, die Kranken und Hilfsbedürftigen und sprechen über einen dem Anlaß entsprechenden Text. So hatten wir im vergangenen Jahr zu Weihnachten die Bibelstelle Jesaja 9,5 ausgewählt, wo es heißt: *Uns ist ein Kind geboren, ein Sohn ist uns gegeben, und die Herrschaft ruht auf seiner Schulter*.

Ich erzähle dann jeweils in ganz einfachen Worten, daß und warum Jesus in diese Welt gekommen ist und was Er für einen jeden von uns getan hat. Wir sind immer wieder erfreut, wie aufmerksam doch die meisten der Zuhörer sind.

Am letzten Weihnachtsfest konfrontierte ich sie mit der Frage: «Sind Sie sich überhaupt darüber im klaren, daß wir alle zum Geburtstag von Jesus eingeladen sind? Wenn man zu einem Geburtstag geht, bringt man eigentlich immer etwas mit. Haben Sie mal darüber nachgedacht? Was bringen Sie Jesus mit?»

Große, erstaunte Augen schauten mich an, als ich dann vorschlug: «Sie könnten zum Beispiel Jesus Ihre Sünden bringen oder Ihre Traurigkeit. Sie können ihm auch Ihre Schmerzen, Ihre Einsamkeit oder Ihre Unzufriedenheit oder sogar Ihre Schlaflosigkeit bringen. Oder wie wäre es, wenn Sie ihm Ihr altes Leben geben würden? Er würde Ihnen so gern ein neues Leben mit ihm, ein Leben in seiner Liebe, in seiner Geborgenheit, in seiner Herrlichkeit schenken. Was halten Sie davon? Wer dazu bereit ist, der möchte sich doch bitte melden, damit wir nachher mit ihm beten.» Und tatsächlich meldeten sich in einem Altersheim drei alte Frauen.

Nach der kurzen Andacht setzten wir sie zusammen, und unsere Gruppe betete für sie. Es war tief bewegend mitzuerleben, wie die drei betagten Damen ihr altes Leben Jesus übergaben. Mit all ihrer Schuld, all den Belastungen und allem Ballast, den sie mit sich herumschleppten. Ja, sie ließen diese Dinge bewußt los, und im Namen Jesu durften wir ihnen zusagen, daß Er jetzt die Herrschaft in ihrem Leben übernommen hat und sie nun geliebte Kinder Gottes sind.

Unsere Gruppe dient schon viele Monate in dem Altersheim. Einzelne von uns halten dort jede Woche Andachten, in welchen Jesus den Mittelpunkt bildet. So waren sich diese Bewohnerinnen wirklich im klaren über die Bedeutung ihres

Schrittes. Wir alle waren unendlich dankbar für all das, was Jesus da getan hat.

Auch die Heimleiterin nimmt diesen Dienst so gerne an, daß sie sogar den Wunsch geäußert hat, wir möchten doch in Urlaubszeiten für Vertretung sorgen, damit die Heimbewohner nicht allein gelassen sind. Wir sind natürlich sehr glücklich über diese Zusammenarbeit und dankbar dafür.

Wir hatten im vorigen Jahr zum Weihnachtsfest auch etwas mitgebracht: Auf jeder Station im Altenheim und im Krankenhaus und in den Bücherstuben ließen wir als Geschenk eine Bibel zurück. Eine Ausgabe in heutigem Deutsch mit klarem, großem Druck.

War das eine Freude für die Bewohner! Eine Dame wollte die Bibel gar nicht mehr aus der Hand geben. Da können die alten Leute doch immer wieder nachlesen, was wir ihnen erzählen, und Trost und Stärkung aus dem Wort Gottes finden. Uns war das ein dringendes Bedürfnis, und alle haben es dankbar angenommen.

Wir gehen auch immer wieder zu Kranken, die nicht mehr aufstehen können, ins Zimmer und sind oft tief bewegt, mit welch großen, hungrigen Augen sie an unseren Lippen hängen und wie sie mit dankbarem Herzen die Botschaft aufnehmen. Wir beten mit ihnen, und wie oft fließen da die Tränen.

Da wir auf jeder Station unsere Andachten abhalten, fahren wir mit dem Fahrstuhl von einem Stockwerk ins nächste. Denn dieser Dienst ist doch sehr anstrengend. Sechsmal am Tag die gleiche Andacht, das kostet viel Zeit und noch mehr Kraft. Aber die Freude überwiegt, und deshalb sind alle von uns gern dazu bereit.

So war es auch am Ostermontag des letzten Jahres. Wir hatten schon auf drei Stationen gesungen, gebetet und Jesus bezeugt; dann fuhren wir mit dem Fahrstuhl in den vierten Stock. Plötzlich, auf halber Strecke, blieb er stehen. Nichts rührte sich mehr. Wir waren eingeschlossen. Rainer drückte den Alarmknopf, meinte aber dann ganz trocken: «Ostermontag, da können wir lange warten. Wer ist da schon erreichbar? Bis die Feuerwehr kommt, können wir uns auf eine lange Wartezeit gefaßt machen.»

Was macht man in so einer Situation? Ich betete: «Herr, du siehst, wir sind in diesem Einsatz, dich zu bezeugen, dich zu verkündigen, den Menschen deine rettende Botschaft zu bringen, und der Feind will uns daran hindern. Bitte, Herr, laß es nicht zu. Greif du doch ein, du bist doch immer der Stärkere. Du allein weißt, woher Hilfe kommen kann. Befreie uns bitte aus diesem Gefängnis. Bitte, Herr, schicke Hilfe!»

Wir waren immerhin acht Leute in dem Fahrstuhl, da kamen die Fragen: «Was machen wir, wenn die Luft hier knapp wird? Wie kommen wir mit unserer Zeit aus?» Und so weiter …

Nein, Jesus würde schon eingreifen, da war ich ganz sicher. Ich klemmte meine Geige unter das Kinn, und wir fingen an, Loblieder zu singen. Wie das in diesem Fahrstuhl hallte und klang! Acht kräftige Stimmen. Das ist Musik! Es machte uns richtig Freude, wir sangen und sangen, doch plötzlich hatte ich einen Gedanken.

«Ich muß euch mal eine Geschichte erzählen, die mir ein Missionar berichtet hat. Es soll nach dem Krieg in Indonesien gewesen sein, als Christen in die Gefangenschaft abtransportiert werden sollten. Man hatte sie zu einem langen Zug formiert, und sie zogen die Straße entlang. Ihr Bündel in den Händen, links und rechts von Soldaten bewacht – und sie sangen unbeirrt folgendes Lied:

Gott ist noch auf dem Plan,
und alles ist ihm untertan!
Wenn Nacht uns bedecket
und Satan uns schrecket,
so stimmen wir siegesfroh an:
Gott ist noch auf dem Plan,
und alles ist ihm untertan.
Wenn Er uns bewacht
hat der Feind keine Macht.
Gott ist noch auf dem Plan.

Das Lied sangen sie damals, während sie ihres Weges zogen. Wie reagierte Gott? Er schickte einen Schneesturm, dorthin, wo noch nie Schnee gefallen war. Plötzlich geschah es, und niemand war darauf vorbereitet. Da flohen die Soldaten, und die Christen waren frei.»

Unsere Leute waren begeistert. Dieses Lied wollten sie lernen. So sprach ich ihnen den Text vor.

«Kommt, sprecht nach, ihr lernt ihn ganz schnell.»

Dann spielte ich einige Male die Melodie auf meiner Geige vor, und bald sangen alle mit.

Gott ist noch auf dem Plan, und alles ist ihm untertan ...

Wir sangen es triumphierend und mit großer Begeisterung, weil wir wissen, Jesus ist der Herr. Er sieht auch diese Situation. Er wird uns befreien. Während wir noch sangen, klopfte es plötzlich an die Tür.

«Drücken Sie mal kräftig, und ich drücke von außen», sagte eine Stimme.

Unsere Männer griffen zu, schoben von innen; von außen schob auch jemand, und die Tür ging auf. Da hatten doch Bewohner des Altenheimes im Tagesraum unseren Gesang gehört! Vorher waren sie in unserer Andacht gewesen, jetzt hatten sie den Gesang im Fahrstuhl gehört. Da stimmte doch etwas nicht! Also kam einer, um nachzusehen und wenn nötig zu helfen. Da der Fahrstuhl zwischen zwei Stockwerken stehengeblieben war, mußten wir zwar eine Stufe überwinden, aber wir waren frei. So ist unser Herr. Können Sie sich unsere Begeisterung, unsere Freude vorstellen? Seitdem ist dieses Lied unser «Fahrstuhllied». Immer wieder haben wir große Freude an dieser Geschichte. Jesus ist der Sieger, ihm sei Ehre und Dank.

Nach dieser Befreiungsaktion haben wir noch in den restlichen Stationen unsere Andachten durchgeführt, denn wir waren uns ganz sicher, da wollte jemand verhindern, daß die Herrlichkeit Gottes verkündet und bezeugt wurde. Wir wissen ja ganz genau und erfahren es auch immer wieder: Wo Gott seine Kirche baut, da baut der Satan gleich seine Kapelle daneben und will uns Steine in den Weg legen.

Das erleben wir doch alle in jedem Bereich des täglichen Lebens. Der Feind will auf alle mögliche Weise versuchen, einen Keil zwischen Jesus und uns zu treiben. Wir kennen nicht unsere Zukunft. Ich habe es mir längst abgewöhnt zu fragen: Was bringt dieser Tag, was wird morgen sein? Ich weiß doch, Jesus hat alles in seinen Händen und alles längst ganz offen vor sich liegen. So fragte ich auch nicht, warum ich im Jahre 1984 an Krebs erkrankte. Ja, ich konnte dem Arzt, als er mir die Diagnose mitteilte, nur sagen: «Wissen Sie, ich bin in Jesus Christus geborgen. Es geschieht nichts, was Er nicht will und zuläßt.»

Andere Menschen aber fragten mich: «Du bist schon sieben Jahre Christ, wieso bekommst du eigentlich Krebs?»

Da konnte ich ihnen nur erwidern: «Viele Menschen erkranken an Krebs, warum sollte ich keinen bekommen? Ich bin nicht besser als andere, aber ich weiß genau, mit Jesus Christus bin ich besser dran. Er wird mir auch da hindurchhelfen.»

Und Er hat es getan. Auf wunderbare Weise hat Er mich geheilt. Mein ganzes Leben ist in ihm verborgen. Ich bin ganz sicher, Jesus hat mich nicht um meinetwillen gesund gemacht, sondern ich mußte diese und viele andere harte Erfahrungen machen, um andere Menschen in ähnlichen Situationen trösten und ihnen helfen zu können.

Ich danke unserem Herrn aus tiefstem Herzen, daß dieser Lernprozeß nie aufhört, und bitte ihn, daß Er an mir feilt und mich so verändert, wie Er mich haben will. So hat Er mir die große Angst vor Gott genommen, die mein Leben früher bestimmte. Ich erzählte davon ja schon am Anfang dieses Buches. Er hat mir aber auch die Menschenfurcht genommen, weil ich weiß, Er liebt mich so, wie ich bin. So brauche ich mich heute nicht mehr hinter einer Maske zu verstecken und muß mich nicht fürchten – denn was können mir Menschen tun (Psalm 56,5 und 12)?

Unter dem Schutz des Blutes Jesu

Weil wir die Gewißheit haben, daß Jesus immer der Stärkere ist, stellen alle unsere Gruppenmitglieder und ich sowohl uns, unsere Angehörigen als auch alle, die uns nahestehen, jeden Morgen im Gebet unter den Schutz des Blutes Jesu. Wir berufen uns da auf die Bibelstelle 2. Mose 12: Da ist die Rede von der letzten Plage, die Gott dem Pharao schicken will, damit dieser endlich das Volk Israel aus der Knechtschaft entläßt. Er will jede Erstgeburt der Ägypter an Mensch und Tier schlagen. Damit aber das Volk Israel, das mitten unter den Ägyptern wohnt, von diesem Gericht Gottes verschont bleibt, gibt Gott Mose folgenden Auftrag: Die Israeliten sollen ein reines Lamm schlachten und mit dessen Blut die Türpfosten ihrer Häuser bestreichen, damit der Würgeengel erkennt, daß diese Bewohner zu Gottes Volk gehören.

So ist also dieses Blut des reinen Lammes an den Türpfosten ein Zeichen für Schutz und Bewahrung. Zudem sagt Gott im Vers 24: *So halte diese Ordnung für dich und deine Nachkommen ewiglich!*

Da aber unser Opferlamm Jesus Christus – Gottes Sohn – ist, sündlos und absolut rein, und da dieses Lamm sein Blut für uns vergossen hat, so stellen auch wir uns und unsere Angehörigen immer wieder unter den Schutz des Blutes Jesu. Wir brauchen das so dringend, denn gerade wir Beter stehen ja immer wieder in der Schußlinie des Feindes. Doch auf diese Weise sind wir in Jesus und durch ihn in allen Gefahren bewahrt.

So erlebte es auch Gela, eine Mitarbeiterin in unserer Weggemeinschaft. Täglich betet sie morgens, bevor sie zum Dienst geht, und stellt sich und ihre Kinder und alle Angehörigen unter den Schutz des Blutes Jesu. So war es auch an jenem Tag vor etwa drei Monaten, von dem ich jetzt erzählen möchte.

Gelas Sohn ist als Auszubildender in einem größeren Chemiewerk tätig und bekommt dort eine Ausbildung als Elektriker. Da seine Lehrzeit bald beendet ist, wird er schon zu verantwortungsvolleren Aufgaben herangezogen. An diesem Morgen war er an einer Anlage beschäftigt, genauer gesagt an einer dieser großen silberfarbenen Säulen, die man schon von weitem sehen kann. Außen führt eine Treppe bis zur halben Höhe hinauf; dort ist eine Plattform, auf der man arbeiten kann. Chemiker entnehmen hier Proben. Niels, der Sohn unserer Glaubensschwester, war beauftragt worden, dort Lampen anzuschließen. Er war mit dieser Arbeit noch nicht fertig, als ihn ein Mitarbeiter von einer benachbarten abgeschalteten Anlage herrief: «Komm doch mal rüber und hilf mir, ich kann das hier nicht allein halten. Du mußt mit anfassen.»

Niels war gerade von seiner Plattform hinuntergeklettert, da explodierten in seiner noch angeschalteten Anlage Chemikalien. Eine zehn Meter hohe, riesige Stichflamme schoß von oben her außen an der Anlage herunter, genau auf die Plattform, auf der er eben noch gestanden hatte. Die Ursache der Explosion ist ungeklärt. Es wird vermutet, daß irgendeine Chemikalie mit Sauerstoff in Verbindung kam und diese Explosion auslöste, aber man weiß es nicht genau. Doch das ist auch für uns nicht so wichtig. Entscheidend ist, daß unmittelbar vor dieser Explosion der Kollege Niels rief und ihn von seiner Arbeit wegholte. Und Niels ging hin, ohne erst seine Installation zu beenden. Das war seine Rettung. Ja, so ist er auf wunderbare Weise bewahrt worden. Es ist nicht auszudenken, was sonst geschehen wäre. Aber so ist unser Herr. Er allein hat den Weitblick für das, was kommen wird. Er ist wahrhaft mit den Seinen, und wir stehen unter seinem Schutz.

Was ist das für eine wunderbare Gewißheit, die wir in diesem neuen Leben unter Jesu Augen immer wieder erfahren! Wenn ich da an früher denke – da mußte ich kämpfen, da habe ich geübt, geübt, geübt, nur um die Beste zu sein. Da war die Konkurrenz groß, die mußte ich aus dem Feld schlagen. Ich mußte das tun, ich schuftete wie ein Akkergaul, damit ich trotz all meiner Komplexe vor mir selbst bestehen konnte.

Heute frage ich mich oft: Wem wollte ich mich eigentlich beweisen? Der Welt, die ich nicht in mein Inneres schauen ließ? Oder mir selbst, damit ich zumindest ein bißchen sicheren Boden unter den Füßen hatte? Heute bin ich unendlich dankbar, daß Gott diese Fassade, hinter der ich lebte, völlig zum Einsturz gebracht hat. Ich brauche keine Härte mehr zu zeigen, wenn ich enttäuscht und verletzt bin. Nein, ich kann und darf vergeben, weil ich weiß, Jesus hat mir auch alles vergeben. Das macht frei, und in dieser neuen Freiheit gehe ich mit ihm, weil ich weiß, Er hat meinen Weg längst vor sich, Er will ja nur das Beste für mich: *Wir wissen aber, daß denen, die Gott lieben, alle Dinge zum Besten dienen* (Römer 8,28).

So bin ich dankbar, daß Er mich in diesen Dienst als Beterin berufen hat und ich diese Botschaft und Erkenntnis vielen Menschen weitersagen darf. Daß ich Kanal sein darf für Gottes Wirken, wo Er helfend, rettend und schützend eingreifen will.

Eines Tages lernte ich einen jungen, dynamischen Pastor kennen, dem eine neue Gemeinde anvertraut war. Er machte einen sehr frischen Eindruck auf mich und war voller Elan. Gott hatte ihn sehr reich begabt. Er verbrachte viel Zeit im Gebet, war erfüllt von seinem missionarischen Auftrag, Menschen zu Gott zu führen, und war ein ausgezeichneter Lehrer. Seine Gemeinde hatte ihn gerne angenommen, weil er auch in seinen Predigten die Wahrheit des Wortes Gottes verkündigte. Ja, jede Gemeinde sollte sich freuen, so einen Pastor als Hirten zu haben.

Einige Monate vergingen, da traf ich diesen Pastor wieder. Ich erschrak. Er sah blaß aus, fast fahl waren seine Gesichtsfarbe und sein Ausdruck. Dazu offenbarte seine Haltung eine große Müdigkeit und Hoffnungslosigkeit. Was war aus ihm geworden?

«Nanu», erkundigte ich mich, «geht es Ihnen nicht gut?»

«Oh, Frau Anton, beten Sie für mich!»

Ganz entsetzt fragte ich: «Was ist denn geschehen?»

Dann erzählte er, wie es ihm inzwischen ergangen war. Als junger Pastor bekommt man am Anfang noch nicht sein volles Gehalt. Da er aber eine Familie zu versorgen hatte, wollte er gerne etwas Geld dazuverdienen. So ging er zu seiner vorgesetzten Behörde und fragte an, ob nicht irgendwo – vielleicht bei einer Schule – die Möglichkeit bestände, zusätzlich Religionsunterricht zu geben.

«Aber ja», wurde ihm gesagt, «hier ist gerade eine Anfrage von einer anthroposophischen Schule gekommen. Die suchen einen Lehrer für den Religionsunterricht. Wenn Sie wollen, können Sie sich da melden. Die würden Sie sicher gerne nehmen.»

Er griff also diesen Vorschlag auf, setzte sich mit der Schule in Verbindung und wurde angenommen.

«Es gibt an dieser Schule zweierlei Religionsunterricht», erzählte er. In einer Gruppe wurde Religionsunterricht nach der anthroposophischen Lehre erteilt, daran beteiligten sich vierundzwanzig Kinder. Er, der junge Pfarrer, sollte dann den evangelischen Religionsunterricht übernehmen, für den nur vier Schüler angemeldet waren. Aber diese vier Schüler brachten ihn wahrhaft zur Verzweiflung. Obgleich er ein sehr guter Lehrer ist, war an Unterricht nicht zu denken. Eines der Kinder saß nur unter dem Tisch und quiekte wie ein Schwein. Ein zweites saß ständig in der Ecke und schlug unentwegt mit einem Stock gegen die Wand. Das dritte Kind saß zwar auf seinem Stuhl, aber es schlug dauernd mit dem Kopf auf den Tisch. Was das vierte Kind machte, ist mir entfallen, jedenfalls war es auch nicht bereit zuzuhören. Es war dem Pfarrer unmöglich, die Kinder von ihrem Tun abzubringen, geschweige denn sie zu unterrichten. Es war, als läge ein lähmender Geist über allem.

Es war erschütternd zu sehen, wie dieser «Unterricht» den jungen Pastor innerlich zerbrochen und ihm wirklich allen Mut und Elan genommen hatte. «Bitte beten Sie. So geht es nicht weiter. Ich kann nicht mehr.»

Das war ein Hilfeschrei.

Ich traf mich schon längere Zeit mit zwei anderen Frauen zum Gebet. So beschlossen wir sofort, diesen Dienst zu übernehmen. Wir erbaten von dem Pastor die genauen Zeiten der Unterrichtsstunden und die Dauer der Hin- und Rückfahrt. Schon zu Beginn seiner Abfahrt stellten wir Herrn Pastor E., seine Familie, uns und unsere Angehörigen unter den Schutz des Blutes Jesu. Wir baten, daß der Herr seine Engel um das Fahrzeug stellen, schützend seine Hände über den Pastor halten und ihm für den Unterricht Freudigkeit und viel Weisheit geben möge. Es folgte der Zeitpunkt, von dem wir wußten, daß der Pastor jeden Moment seinen Unterricht antreten würde. Wir baten Jesus, schon jetzt den Raum einzunehmen und ihn von allen Mächten, die da eingedrungen sein könnten, vor allen Dingen aber von diesem so lähmenden Geist zu reinigen. Ja, wir geboten diesem Geist im Namen Jesu zu weichen. Dann stellten wir Herrn Pastor E. und alle Kinder erneut unter den Schutz des heiligen Blutes unseres Herrn und baten Jesus, den Raum doch mit seiner Gegenwart zu erfüllen und die Kinder zu verändern, damit sie aufmerksam und neugierig dieser Frohen Botschaft zuhören würden. Ja, wir vertrauten Jesus, daß Er durch seinen Heiligen Geist machtvoll wirken würde, damit dort endlich ein vernünftiger Unterricht stattfinden könne und Gottes Friede spürbar sei. So beteten wir drei Frauen über etliche Wochen hinweg immer zu den angegebenen Zeiten, bis wir uns ausrechnen konnten, daß Herr Pastor E. wieder zu Hause sei.

Nach einiger Zeit traf ich ihn wieder, und er kam freudestrahlend auf mich zu.

«Oh, Frau Anton, ich muß Ihnen und Ihren Mitbetern danken. Ich bin ja so froh, Gott hat die Gebete erhört.»

«Erzählen Sie!» bat ich neugierig. Was war also geschehen? Die Situation war verändert worden. Wenn Herr Pastor E. in den Raum kam, saßen die Kinder ordentlich an ihren Tischen. Keines quiekte mehr, niemand schlug mehr im Raum herum. Nein, ruhig und erwartungsvoll schauten sie ihm entgegen. Der lähmende Geist war völlig gewichen, und es war Herrn Pastor E. möglich, eine Art Kindergottesdienst abzuhalten. Die Kinder hörten gespannt zu, wenn er vom Wirken Jesu, dem Sohn Gottes, auf dieser Erde sprach und von den Wundern, die Er getan hatte. Ja, sie waren begierig, immer mehr zu erfahren, und es war, als hätte Jesus ihnen plötzlich das Herz aufgetan für seine einzig rettende Botschaft. Denn offensichtlich erzählten sie ihren Mitschülern auch von diesen wunderbaren Taten, die Jesus gewirkt hatte. So wuchs die Neugier, die Spannung, und was vorher unvorstellbar erschien, geschah: Schüler wechselten aus dem anthroposophischen Unterricht hinüber zu der Klasse von Herrn Pastor E. Jesus wirkte wunderbar, und manches Samenkorn ist in die Herzen der Kinder gelegt worden, das gewiß segensreich den Weg der Kinder bestimmen wird.

Herr Pastor E. und wir waren natürlich voller Dankbarkeit und Freude, Gottes Gegenwart und Jesu Eingreifen so konkret erlebt zu haben. Aber so geht es, wenn man im Vertrauen mit Jesus lebt, denn ohne ihn können wir nichts tun. Ich kann immer nur staunen über diesen großen Gott, der sich so klein gemacht hat für uns und heute ebenso gegenwärtig ist wie vor zweitausend Jahren.

Genau das erlebte Nico. Seine Eltern sind bei uns in einer Weggemeinschaft und stellen, wie wir es alle tun, jeden Morgen sich selbst und ihre Kinder unter den Schutz des Blutes Jesu. Wir sind ganz sicher, Jesus hat auch jeden neuen Tag längst vorbereitet. Er liegt wie ein offenes Buch vor ihm. So geht Er mit uns und bewahrt uns in Zeiten der Not und Gefahr. Er läßt uns nicht allein.

Nico ging eines Morgens wie immer in den Maschinenbaubetrieb, in dem er als Auszubildender arbeitete. Sein Arbeitsplatz war in einer großen Halle, wo er mit einem Winkelschleifer Metallteile bearbeiten sollte. So ein Gerät hat ein Gewicht von vier Kilo. Da kann ich mir vorstellen, wieviel Kraft es erfordert, diese schwere Flex dauernd vor sich zu halten. Sie hat zwar zwei Haltegriffe, doch vorne ist eine Drahtbürste befestigt, die einen Durchmesser von zehn Zentimetern hat und immerhin mit siebentausend Umdrehungen pro Minute läuft. Ein Vierkant-Stahlrohr war in einen Schraubstock eingespannt. Das sollte Nico mit der Stahlbürste bearbeiten. Unterhalb des rechten Haltegriffs befand sich der Ein- und Aus-Schalter. Nico betätigte ihn, und das Gerät legte los. Nico fuhr mit dem Winkelschleifer über das Rohr – ob zu schnell, keiner weiß es. Auf jeden Fall stieß er mit der Scheibe an den Rand, das Gerät geriet außer Kontrolle und fuhr immer ruckartig auf und ab. Was tun? hämmerte es in ihm. Wie sollte er als Lehrling nun reagieren? Jedenfalls durfte er diese ratternde Flex mit siebentausend Umdrehungen nicht loslassen! Panische Angst erfaßte ihn. Er dachte nur: «Festhalten, festhalten!» Das Gerät ruckte hin und her, es machte, was es wollte. In Bruchteilen von Sekunden schlug ihm die Flex unter den Bauch und zerfetzte seinen Arbeitsanzug im Unterleibsbereich bis zu den Lenden hin vollständig. Sein Leib blieb jedoch unversehrt. Gibt es denn so etwas?

Aber so ist unser Herr.

Doch das Gerät raste weiter, bekam dann die offenen Seitenteile von Nicos Arbeitsjacke zu fassen und verdrehte die Kleidung so sehr, daß sie ihm fast die Luft abschnürte. Angst, nackte Angst erfüllte ihn. Das alles geschah ja in Sekundenschnelle. Blitzartig schossen ihm die Gedanken durch den Kopf. «Was soll ich tun? Hilf, Herr, was soll ich tun? Nur nicht loslassen!», das waren seine Gedanken. «Wie komme ich an den Schalter, um diese rasende Maschine zu stoppen?» Er fand ihn nicht gleich. In ihm war nur ein Gedanke: «Festhalten, festhalten!» Mit unvorstellbarer Kraft gelang es ihm, dieses tobende Gerät von sich wegzuhalten. Woher hatte der Junge nur die Kraft? Wenn ihm diese Kraft nicht gegeben worden wäre, hätte sich das Gerät schwungartig nach oben bewegen können und vielleicht seinen Kiefer zertrümmert. Ja, die Gewalt des Schlages hätte sogar sein Genick tödlich brechen können. Pausenlos rasten die Gedanken durch seinen Kopf. Mit den vier Fingern der rechten Hand stemmte er das Gerät von sich. Dann endlich konnte er den Aus-Schalter erreichen. Gott sei Dank! Das war äußerst schwierig, denn der Winkelschleifer war schon fünfundzwanzig Jahre alt und der Schalter total verstaubt, so daß die Maschine kaum zu stoppen war. Als sie endlich zum Stillstand kam, legte Nico sie wie in Trance auf seinen Arbeitstisch. Völlig erschöpft brach er um ein Haar zusammen.

Er konnte sich gerade noch mühsam zur Toilette schleppen, um dort zu erbrechen. «Ich lebe», mehr konnte er nicht denken. Bis ins tiefste Innerste war er erschüttert. «Ich habe das überstanden, ich bin bewahrt worden.»

Völlig aufgewühlt und erschöpft setzte er sich anschließend auf eine Bank im dunklen Umkleideraum, stützte seinen Kopf in seine Hände und konnte nur noch denken: «Danke, Herr, daß du da warst, ich habe es überlebt.»

Ja, was haben wir für einen Gott! Er ist wahrhaft da. Unter seinem Schild und Schutz dürfen wir sicher leben. Ich weiß, Er ist immer bei uns. So hat Er auch Nico in dieser schrecklichen Situation wunderbar behütet und bewahrt, daß ihm auch nicht der geringste Schaden zugefügt wurde. Was glauben Sie, wie dankbar die Eltern und wir alle sind. Ja, unter seinem Schatten haben wir Zuflucht, bis das Unglück vorübergeht (Psalm 57,2).

Auf dieses Wort verlassen wir uns auch jeweils, wenn wir uns zu einer Weg- oder Gebetsgemeinschaft hier bei mir getroffen haben. Itzehoe ist von sehr viel Wald umgeben, und überall an den Straßen finden wir die Schilder: Vorsicht Wildwechsel. Bevor wir also an einem Gruppenabend auseinandergehen, stellen wir uns und unsere Angehörigen wieder alle unter den Schutz des Blutes Jesu. Er möge bewahrend seine Hände über jedes einzelne Auto halten und seine Engel drum herum stellen, daß niemandem auf dem Heimweg ein Unfall geschieht. Ja, wir sind sicher, Er wird Glatteis und Hindernisse aus dem Weg räumen und verhindern, daß Wild vor das Auto springt oder sonst ein Unfall geschieht. So können wir getrost und fröhlich auseinandergehen, weil wir wissen: Jesus ist mit uns. Unzählige Male haben wir es erlebt, daß unsere Glaubensgeschwister beim nächsten Treffen berichteten: «Stellt euch vor, da kamen doch zwei Rehe über die Lichtung gelaufen, direkt auf die Straße zu. Wir bremsten schon ab, aber die Rehe blieben am Straßenrand stehen, ließen das Auto vorbeifahren und sind erst dann über die Straße gelaufen.» Oder: «Die Rehe kamen aus dem Wald und sind wieder zurückgegangen, anstatt die Straße zu überqueren.»

Laufend wurden solche Berichte erzählt. Wir konnten uns nur über alle Maßen freuen. Wir sind gewiß, die Rehe haben die Engel gesehen, die Gott um unsere Autos gestellt hat, ähnlich wie bei Bileam, als der Esel ebenfalls den Engel sah und scheute (4. Mose 22).

Tiere sind bekanntlich viel sensibler als wir Menschen! ...

So erzählte einmal Lars, ein treuer Bruder in unserer Weggemeinschaft, im Zeugnisteil eines Gottesdienstes von solchen Erlebnissen. Die Rehe kamen angelaufen, blieben stehen, schauten mit klugen, blanken Augen dem Auto nach, und erst als er vorüber war, gingen sie über die Straße. Da sagte Johanna, eine Schwester aus unserer Husumer Weggemeinschaft, skeptisch vor sich hin: «Na, Lars, ob das so stimmt? Da hast du doch gewiß leicht übertrieben.»

Was glauben Sie, drei Tage später passierte ihr genau das gleiche. Auch da ließen die Rehe sie erst vorbeifahren, bevor sie ihren Lauf fortsetzten.

Da war Johanna aber ganz kleinlaut und ging in die Buße. Sie erkannte: «Wir müssen Gott viel mehr zutrauen.» Auch in der kleinsten Situation ist Er da.

Gewiß, sein Weg und seine Führung sind uns manchmal unverständlich. Aber ich bemühe mich, immer mehr zu hören und zu gehorchen, obgleich ich oft nicht verstehe, warum ich gerade so und nicht anders handeln muß. Da kann ich wirklich nur sagen: «Herr, du weißt alle Dinge. Ich bin ganz sicher, daß es so richtig ist. Bitte, Herr, mach du und leite mich!»

Bei Frau O. war es genauso. Sie kann es sich bis heute nicht erklären, warum sie in ihrer Not an jenem kalten Januarmorgen nicht einen nahen Bekannten oder Freund anrief, sondern ausgerechnet einen alten Finanzberater, mit dem sie schon sehr lange keinen Kontakt mehr hatte. Sie befand sich in einer völlig aussichtslosen Situation und wußte nicht mehr aus noch ein. Er war ebenso ratlos und meinte: «Ich kann Ihnen auch nicht mehr helfen. Sie brauchen Hilfe durch Jesus.»

Damit gab er ihr meine Telefonnummer, und sie rief umgehend an. Was war geschehen? Ihre Ehe war seit etlichen Jahren geschieden. Sie lebte aber jetzt wieder mit einem Mann zusammen in A. Sie hatten dort gemeinsam ein Haus gebaut, in das sie ihre ganzen Ersparnisse hineingesteckt hatte, ohne sich notariell abzusichern oder auch nur irgendwelche Quittungen oder Bescheinigungen über Zahlungen zu haben. Dieses blinde Vertrauen war ihr Ruin geworden, denn dieser Mann hatte ihr eröffnet: «Ich brauche noch drei Monate, dann ist meine Position gesichert und du kannst gehen. Ich gebe dir zwanzigtausend Mark, und dann sieh zu, wo du abbleibst.»

Sie fühlte sich weggeworfen wie eine abgetretene Fußmatte. All das hatte sie mir unter Schluchzen und Weinen am Telefon erzählt. Doch plötzlich brach sie zusammen. Die Leitung war wie tot. Ich wartete einige Minuten, rief immer wieder in den Hörer, doch es war nichts zu hören.

«Was mache ich nur?» überlegte ich fieberhaft, während ich auflegte. «Soll ich in A. die Polizei anrufen?» Aber wie denn? Ich hatte am Telefon nicht einmal ihren Namen richtig verstanden. Während ich noch überlegte, klingelte wieder das Telefon. Sie hatte sich gefangen und fragte: «Kann ich zu Ihnen kommen?»

«Jetzt gleich?» fragte ich erstaunt zurück. «Sind Sie denn überhaupt in der Lage und in der Verfassung, mit dem Auto zu fahren?»

Sie wohnte in der Lüneburger Heide und mußte sicher eineinhalb Stunden Fahrzeit rechnen, um nach Itzehoe zu kommen.

«Aber ja», meinte sie, «ich werde ganz vorsichtig fahren. Wenn Sie sich nur bitte Zeit nehmen möchten für mich, Frau Anton! Ich mache mich sofort auf den Weg.»

Ich regelte kurz das Notwendigste, alles andere ließ ich liegen. Dann betete ich, daß unser Herr sie auf dem Wege beschützen und ihr hier die Hilfe zuteilwerden lassen möge, die sie so dringend brauchte.

Sie kam nach etwa zwei Stunden an. Wie war sie dankbar, daß sie sich endlich einmal aussprechen durfte und angenommen fühlte. Sie breitete vor mir ihre ganze Vergangenheit aus. Bis zu ihrem siebzehnten Lebensjahr war sie praktizierende Katholikin gewesen und wuchs wohlbehütet in ihrem Elternhaus auf. Doch dann kam die erste einschneidende Veränderung in ihrem Leben. Sie lernte einen jungen Mann kennen, verliebte sich und wurde schwanger. Das war die absolute Katastrophe für ihre Familie.

Und sie? Niemand erkannte ihre innere Verzweiflung, man ließ sie ganz allein. Wohin sollte sie in ihrer Not? Alle sahen verächtlich auf sie herab und verurteilten sie. Die Eltern und der Freund drängten sie zur Abtreibung, doch genau das wollte sie nicht. Sie setzte sich gegen den Widerstand der Familie durch und hat das Kind ausgetragen. Durch die andauernden Konflikte mit den Eltern und dem Freund fiel sie immer mehr vom Glauben ab. Zweifel kamen und zermürbten sie. Wo ist Gott? Warum läßt Er das zu? So wurde sie hart gegen Gott und gegen sich selbst. Sie meinte: Ich muß kämpfen, ich muß stark sein. Ich werde es den andern schon zeigen, daß ich mich nicht unterkriegen lasse.

Dann lernte sie ihren zukünftigen Mann kennen. Da er evangelisch war, trat auch sie zum evangelischen Glauben über. Die Ehe gestaltete sich ziemlich schwierig, und es war abzusehen, daß sie nicht halten würde. Zweimal wurde die Frau schwanger, und beide Male trieb sie ab. Diese Last trug sie auf ihrem Herzen, und dieses Gewicht erdrückte sie. Damit war sie ihr Leben lang nicht fertig geworden. Sie wußte: Das ist Sünde vor Gott. Das ist gegen Gottes Gebot. Diese Schuld quält sie noch heute sehr und läßt sie nicht zur Ruhe kommen.

In wie vielen seelsorgerlichen Gesprächen erlebe ich es, daß Frauen, die ihre Kinder abgetrieben haben, an dieser Schuld innerlich zerbrechen. An den Kindern, die ihnen täglich begegnen, lesen sie ab, wie ihr eigenes Kind jetzt wohl gewesen wäre. Immer wieder wurde auch Frau O. mit diesen Gedanken konfrontiert, so daß sie keinen inneren Frieden fand. Die Last drückte sie so schwer, daß sie psychisch erkrankte. Ihr ganzes Leben schien ihr sinnlos und zerstört, als dann schließlich auch noch ihre Ehe zerbrach.

«Ich kann nicht mehr, ich mag nicht mehr. Ich mache ein Ende.»

Das schien für sie der einzige Ausweg zu sein. Als dieser Versuch mißlang, suchte sie Betäubung im Alkohol, aber auch das war keine Lösung ihrer Probleme und ließ sie nur für kurze Zeit die Leere und Schuld ihres Lebens vergessen. Dann geriet sie auch noch in Kreise, in denen spiritistische Sitzungen veranstaltet wurden. Zuerst fand sie das noch ganz interessant, doch als man in so einer Sitzung die Verbindung mit ihrer toten Mutter aufnahm und deren Geist scheinbar antwortete, packte sie panisches Entsetzen. Das war zuviel für sie. Sie geriet in immer tiefere Verzweiflung und Depression.

In den nächsten Jahren folgten mehrere Aufenthalte in psychiatrischen Kliniken. Was sie da an Verachtung, an Demütigungen, ja sogar Mißhandlungen erlebte, ist unvorstellbar. Was für einen grausamen Leidensweg hat diese Frau hinter sich. Bei mehreren Psychotherapeuten suchte sie Hilfe, doch nichts änderte sich. Sie trug schwer, unendlich schwer an diesem ganzen Leid ihres Lebens. Trotz allem war ihr Wille noch nicht gebrochen. Sie kämpfte, sie wollte nicht aufgeben. Sie versuchte, aus eigener Kraft aus dem Elend ihres Lebens herauszukommen. Sie machte mehrere Entziehungskuren, die schließlich zum Erfolg führten. Sie hatte einen eisernen Willen.

Nein, sie wollte sich nicht unterkriegen lassen. Mit unglaublicher Anstrengung schaffte sie es schließlich, vom Alkoholismus frei zu werden. Jahrelang hielt sie durch. Mit zäher Energie kämpfte sie weiter um eine Existenz, um Liebe. In ihr war dieser eine große Wunsch: «Ich lasse mich nicht unterkriegen, nein, auch ich habe ein Lebensrecht. Ich schaffe es schon.»

Doch jetzt wurde diese neue Beziehung brüchig, in die sie alles investiert hatte, was sie besaß – ihre Liebe, ihre ganze Persönlichkeit und ihr gesamtes Vermögen. Sie war völlig ungesichert und sah für sich keine Zukunft mehr. Aber am schlimmsten war für sie, daß dieser Mann ihr Vertrauen so schändlich mißbraucht hatte und sie wie einen ausgedienten schmutzigen Lappen wegwerfen wollte. Sie war völlig verzweifelt. Diese Demütigungen ertrug sie nicht mehr. Alles in ihr zerbrach. Was sollte sie noch? Da schien der Alkohol wieder die einzige Möglichkeit, ihr zerschlagenes Inneres zu betäuben. Sie trank und trank – vier Tage lang. An einem Tag trank sie allein vier Flaschen Whisky! Wie ihr Körper das überhaupt durchgehalten hat, ist mir ein Rätsel. Sie muß total vergiftet gewesen sein; aber sie war so stark, daß sie es irgendwie überstanden hat.

Nachdem der Lebensgefährte sie jetzt endgültig rausgeworfen hatte, war sie dankbar, daß sie bei ihrer Tochter Zuflucht fand. Frau O. war voller Haß gegen sich selbst und sah keinen Sinn mehr in ihrem Leben. Dabei schrie ihr Herz nach Liebe und Geborgenheit. Wo sollte sie die noch finden?

Da erzählten wir ihr von Gott, und die in ihrer Jugend gehörte Botschaft wurde wieder wach in ihr. Wir sprachen von Jesu Kommen in diese Welt, von seiner grenzenlosen Liebe und von dem, was Er für uns getan hat. Genau das habe Er auch für sie getan, sagten wir ihr, weil Er auch sie sehr lieb habe. Sie konnte es nicht glauben. «Mich liebt keiner.»

«Doch», versicherten wir ihr, «Jesus hat Sie unendlich lieb. Wir Menschen müssen oft erst so zerbrechen, daß wir in unserer Hilflosigkeit nicht mehr weiterwissen. Da ist nur Er der Retter, der einzige Ausweg. Jesus hat auf Sie gewartet, sonst hätte Er Sie nicht hierhergeführt.»

Zehn Jahre lang hatte sie gesucht und nirgends Hilfe gefunden, das erschütterte mich zutiefst. So konnten wir ihr nur von diesem wunderbaren Weg der Umkehr erzählen, den Jesus uns aus seiner großen Liebe zu uns Menschen bereitet hat.

«Ich kann es nicht annehmen. Ich bin es nicht wert. Mich liebt keiner», sagte sie resignierend.

«Doch!» trösteten wir sie. «Gerade für Sie ist Jesus gestorben, gerade die Kranken brauchen einen Arzt.»

Sie war krank an Herz und Seele, und in Matthäus 9,12 heißt es doch: *Die Starken bedürfen des Arztes nicht, sondern die Kranken*.

Durch diese Verkündigung wurde ihr bewußt, daß sie nur durch Jesus wirklich heil und frei werden würde, weil sie bei ihm alle Sünde und Last ablegen konnte. Ich stellte ihr das Bild der Brücke über der Kluft vor Augen; dieser Kluft, die uns von Gott trennt. Allein Jesus ist die Brücke, allein Er ist der Weg zum Vater. Er sagt ja auch: *Ich bin der Weg und die Wahrheit und das Leben; niemand kommt zum Vater denn durch mich* (Johannes 14,6).

Und Er hat die Verbindung zum Vater wiederhergestellt, so daß wir durch ihn wieder Zugang zu diesem großen, allmächtigen Gott haben und geliebte Kinder Gottes sind.

Gottes Gegenwart war bei diesem Gespräch so spürbar und das Wirken des Heiligen Geistes so mächtig, daß die Frau all ihre Sünde und Schuld vor Jesus brachte: die außerehelichen Beziehungen, die Abtreibungen, ihre Abkehr von Gott und ihre Lästerungen. Sie bekannte, daß sie Gott das Vertrauen entzogen und statt dessen Menschen vertraut hatte. Ihre eigene vermeintliche Stärke, ihr eigenes Ich, alles brachte sie vor Jesus. Sie bereute es wirklich aus tiefstem Herzen, so daß wir ihr gemäß Johannes 20,23a zusagen durften: «Im Namen Jesu Christi sind Ihnen Ihre Sünden vergeben.»

Es heißt ja in 1. Johannes 1,9: *Wenn wir aber unsere Sünden bekennen, so ist er treu und gerecht, daß er uns die Sünden vergibt und reinigt uns von aller Untugend.*

War das eine Erleichterung und Befreiung für sie! Glücklich lächelte sie uns an. Aber da waren ja noch das Gläserrücken und die Totenbefragung. Das mußte auch weg! So stellten wir uns alle unter den Schutz des Blutes Jesu. Weil Jesus ja an seinem Kreuz all diese Mächte besiegt hat, sagte Frau O. sich los von allem, und wir geboten diesen Gewalten des Feindes, von ihr zu weichen (Lukas 10,19).

Auch vom Alkoholismus sagte sie sich los; damit wollte sie jetzt wirklich nichts mehr zu tun haben. Ich war sicher, Jesus würde sie auch davon befreien. Er hat auch diese Bindungen zerschnitten. So ist sie Punkt für Punkt immer freier geworden. Wie war sie dankbar, daß Jesus endlich die ganze Last von ihr genommen hatte. Sie hatte erkannt, daß ihr Kämpfen und ihr eigener Wille sie immer nur tiefer hinuntergerissen hatten. Nur Jesus allein konnte ihrem Leben einen neuen Sinn geben. So wurde ihr mit ganz großer Klarheit bewußt, daß Jesus sie nie aus dem Blick verloren hatte, auch nicht, als sie viele Umwege gegangen war und viel Leid erfahren hatte. Er wartete auf sie. Diese Erkenntnis war für sie so überwältigend, daß sie ihm gleich ihr Leben anvertraute. Er sollte Herr sein, Er sollte jetzt bestimmen.

Es waren harte Kämpfe und ein langes Gespräch und Gebet gewesen, aber wir konnten dem Herrn nur danken, aus tiefstem Herzen Dank sagen für alles, was Er an ihr getan hatte. Ihre Art, ihr Gesichtsausdruck hatten sich vollkommen verändert. Als sie gehen wollte, meinte sie: «Ich kann ja gar nicht auf die Straße gehen, ich bin ja vollkommen verheult.»

«Aber nein, schauen Sie sich doch selbst an!» Damit bat ich sie vor den Spiegel. Ihre Verblüffung war so groß. Was sahen wir? Eine bildschöne, strahlende Frau hatte der Herr aus ihr gemacht. Da konnten wir nur noch danken und uns herzlich freuen. Ja, so ist unser Herr. Und wie bin ich dankbar, daß ich trotz meines zerstörten Sehzentrums (Macula Degeneration) aus den Augenwinkeln noch Umrisse erkennen und einige Beobachtungen machen kann. Was ist das für eine Gnade Gottes!

Seitdem kommt Frau O. in längeren Abständen immer wieder. Es sind noch so viele Fragen in ihr, und es gibt auch viel aufzuräumen in ihrem langen Leben, was Jesus in seiner großen Liebe erst nach und nach zeigt. Aber sie hält an ihm fest und geht ihren Weg mit ihm weiter. Seit damals hat sie auch keinen Tropfen Alkohol mehr getrunken. Was ist das für eine Gnade, was für ein wunderbares Geschenk!

«Kommen Sie vielleicht auch mal in eine kleine Gemeinde, um ein Seminar anzubieten?» fragte mich ein Pastor, der mich auf einem Gebetskongreß kennengelernt hatte.

«Aber natürlich», antwortete ich, «wenn ich gebraucht werde, um Menschen mehr Freude am Gebet zu vermitteln, dann bin ich dazu gerne bereit.»

Er war Pastor einer kleinen Gemeinde in R. in der ehemaligen DDR. Die Gemeinde hatte nur vierzehn Mitglieder. Er lud mich herzlich ein. Also fuhr ich hin, wie gewohnt mit meinen Begleitern, da ich ja blind bin. Herr Pastor T. und seine Frau freuten sich sehr, als wir ankamen, doch meinte er halb beschämt: «Ich weiß gar nicht, ob es recht ist, daß ich Ihnen diesen weiten Weg zugemutet habe. Von meinen vierzehn Gemeindemitgliedern hatte ein Ehepaar schon einen Urlaub gebucht, zwei Frauen sind krank, und ein Ehepaar wird nicht kommen. Der Mann meint, er gehe nicht in eine Veranstaltung, wo eine Frau lehrt. Also wird seine eigene Frau auch nicht kommen. Vielleicht werden wir nur acht Teilnehmer sein.» Der Pastor schaute mich betroffen an. «So werden wir wohl das Seminar in diesem kleinen Nebenzimmer abhalten müssen.»

«Wir werden beten und sehen, was der Herr machen wird», meinte ich. Nachmittags fand der erste Teil des Seminars statt, aber da war es nichts mehr mit dem kleinen Zimmer – es waren immerhin achtzehn Personen erschienen. Der Pastor strahlte. Abends, als ich über das zweite Thema sprach, waren schon zweiundzwanzig Leute zugegen. Es war eine wunderbare Atmosphäre. Gottes Gegenwart war so spürbar, daß ganz große Offenheit herrschte und nach dem Referat viele Fragen gestellt wurden. Am nächsten Vormittag sollte ich beim Frauenfrühstück sprechen. Fünfundvierzig Frauen waren gekommen. Es war großartig, und sie hatten viel Interesse an all den Dingen, die ich da berichtete. Als nachmittags der dritte Seminarteil stattfand, hatten sich immerhin fünfundzwanzig Teilnehmer eingefunden und abends beim vierten Teil sogar achtundzwanzig. War das eine Freude, Gottes Wirken so mächtig zu erleben. Wir waren unendlich dankbar und konnten nur staunen, auf wie vielfältige Weise Gott sein Reich baut. Auch in dieser dunklen Ortschaft.

Nach den Referaten bin ich gern zu seelsorgerlichen Gesprächen und Gebeten bereit. Diese Gelegenheit nutzte auch Ruth, weil sie Hilfe brauchte. Sie war in einem Elternhaus aufgewachsen, in dem niemand Zeit für sie hatte. Vater und Mutter gingen beide ihren Berufen nach, und das Kind war immer im Wege. Ruth wurde hin und her geschoben, war mal hier, mal da, war aber nirgends zu Hause. Keiner hatte Zeit für sie, keiner hörte sich ihre kleinen Sorgen an. So ist sie noch heute verschüchtert und voller Minderwertigkeitskomplexe. «Ich bin nichts, ich kann nichts, ich bin in allen Dingen zu langsam.» Bei Ruths Familie zu Hause hieß es immer nur: «Schnell, schnell, das muß geschafft werden.» Sie war ohne Liebe aufgewachsen und überzeugt: «Niemand liebt mich, keiner mag mich, und ich bin auch nicht fähig zu lieben.»

Irgend jemand nahm sie einmal mit in eine christliche Gruppe. Dort wuchs sie allmählich in die Gemeinschaft hinein und fing an, sich wohl zu fühlen. Es waren einfach einige Menschen da, die sie so annahmen, wie sie war, und mit denen sie etwas unternehmen konnte. Dort hörte sie zum ersten Mal von Jesus, und diese Botschaft nahm sie mit offenem Herzen auf. Ihre Eltern waren zwar nicht begeistert von diesem Weg ihrer Tochter – es war noch zu DDR-Zeiten –, aber da sie sowieso keine Zeit für sie hatten, ließen sie sie laufen.

Ruth spürte plötzlich, daß ihr Leben einen Sinn bekam. «Jesus liebt mich», erkannte sie, und so gab sie ihr Leben in seine Hand und nahm ihn als ihren Herrn an. Nach einiger Zeit kam ein junger Mann in diese Gruppe. Auch er interessierte sich sehr für Jesus und übergab ihm schnell sein Leben. Da fing Ruth Feuer. Er fand sie sehr nett, und so wurde bald geheiratet. Drei Kinder wurden im Laufe der Jahre geboren, trotzdem fand Ruth in dieser Ehe keine Erfüllung, weil sie sich nicht geliebt wußte und der Mann oft seine eigenen Wege ging. Vor eineinhalb Jahren verließ er sie und die Kinder plötzlich. Für Ruth war das die absolute Katastrophe, denn obwohl sie in dieser Ehe keine Geborgenheit gefunden hatte, galt Gottes Wort für sie: *Was Gott zusammengefügt hat, das soll der Mensch nicht scheiden* (Matthäus 19,6).

Das Schrecklichste waren die letzten Worte ihres Mannes, die er ihr entgegenschleuderte, als er sie und die Kinder verließ: «Nun kann ich ja gehen, ich habe meinen Dienst erfüllt.»

Ratlos fragte sie: «Was willst du damit sagen?»

Sein «Dienst» bestand darin, daß er in den achtziger Jahren von der Stasi als Spitzel in die christliche Gruppe, zu der Ruth gehörte, eingeschleust wurde. Zum Schein übergab er Jesus heuchlerisch sein Leben, um vor der Gruppe glaubhaft zu erscheinen und mehr über die Christen in der DDR zu erfahren.

Als Ruth das hörte, brach ihre kleine Welt zusammen. «Was soll ich bloß tun? Was wird jetzt aus uns?» Er hatte sie belogen, betrogen und schamlos ausgenutzt. Jetzt hatte er sein wahres Gesicht gezeigt, seine «Pflicht erfüllt». Er wollte ihr eine Abfindung zahlen, damit er sie ein für allemal loswürde. Sie wollte trotz allem nicht in die Scheidung einwilligen. Ich fragte mich allerdings im stillen, was sie mit so einem Mann noch wollte, der sie völlig ablehnte und aus Berechnung geheiratet hatte, um sie auszuspionieren und zu verraten. Wir beteten und legten Jesus dieses ganze Leid hin. Da stand vor meinem inneren Auge plötzlich die Stelle 1. Korinther 7,15, wo es heißt: *Wenn aber der Ungläubige sich scheiden will, so laß ihn sich scheiden. Es ist der Bruder oder die Schwester nicht gebunden in solchen Fällen.*

Das war eine große Erleichterung für Ruth. Danach legte sie alles, was sie bedrückte und belastete, ihre Enttäuschungen, das Alleingelassensein von der Kindheit her, alle Demütigungen, den ganzen Betrug und ihre Verletzungen an Jesu Kreuz nieder. Wir konnten nur bitten: «Herr, du hast dich für sie geopfert, nimm das mit in den Tod, lösche das alles aus, damit sie endlich heil und frei wird.»

Er gab ihr auch die Kraft, ihren Eltern zu vergeben. Das Problem blieb natürlich ihr Mann.

Würde sie jemals Antwort bekommen auf die quälenden Fragen, die sie belasteten? Würde sie jemals diesen Betrug vergeben können? Sie war voller Bitterkeit und Haß. Das ist ja nur zu verständlich, und doch durfte ich ihr in aller Liebe sagen, daß Jesus alle Schmähungen und allen Spott, alle Lästerungen und Schmerzen auf sich genommen hat für uns. Wir konnten nur zu ihm beten: «Herr, bitte nimm du das alles weg aus ihrem Unterbewußtsein, aus ihrem Herzen, aus ihren Erinnerungen. Hilf ihr, daß sie aus deiner Kraft heraus ihrem Mann vergeben kann, weil auch du uns alle unsere Sünde und Schuld vergibst, so daß sie daraufhin mit dir ein ganz neues Leben anfangen kann.»

Ich überließ sie für die weitere Seelsorge dem Pastor und seiner Frau, die sich ihrer ganz liebevoll annahmen. Ich bin ganz sicher, Jesus macht sie heil.

«Ich habe noch ein Anliegen», meinte sie dann und erzählte: «Ich habe schon längere Zeit sehr starke Schmerzen im Knie. Ich bin zwar schon beim Arzt gewesen, und kurzfristig hat es auch geholfen, aber dann kamen die Schmerzen wieder, und zwar heftiger als zuvor. Bitte beten Sie mit mir, daß Jesus mein Knie heilt und mir die Schmerzen nimmt.»

Sie konnte ihr Knie überhaupt nicht belasten. Es schmerzte beim Gehen, beim Stehen, es behinderte sie bei jeder Arbeit. Also beteten wir darum. Ich bat Jesus, den Knorpel zu festigen und zu erneuern, daß die Kniescheibe einen guten Halt hat, die Bänder, die Sehnen und die Muskeln zu reinigen, damit sie wieder ihre volle Elastizität erhalten. Ich bat Jesus weiter, ihr die Schmerzen und jegliche Art von Behinderung zu nehmen. Wir waren ganz eins im Gebet. Wir vertrauten ihm, daß Er sie heilen würde, und dankten dem Herrn schon jetzt dafür. Am nächsten Morgen rief sie – außer sich vor Freude – gleich an.

«Stellen Sie sich nur vor, die Schmerzen sind weg, vollständig weg. Ich habe es ausprobiert, ich kann mein Knie sogar wieder so belasten, daß ich Kniebeugen machen und auf eine Leiter klettern kann. Es ist wirklich nicht zu fassen, was der Herr an mir getan hat.»

Wir konnten nur staunen und ihm in tiefer Demut danken. Ich bin ganz gewiß, Er wird auch ihr krankes Herz und ihre Seele heilen. Ja, so ist unser Herr!

Es kam noch ein Kranker ins Gebet, der auch seine ganze Hoffnung auf Jesus Christus setzte. Im Seminar hatte ich immer wieder darauf hingewiesen, daß ich von mir aus überhaupt nichts tun kann, daß aber Jesus alle Macht und Gewalt vom Vater bekommen hat (Matthäus 28,18). Er ist wahrhaft der Herr der unbegrenzten Möglichkeiten und sagt uns in Johannes 15,7: *Wenn ihr in mir bleibet und meine Worte in euch bleiben, werdet ihr bitten, was ihr wollt, und es wird euch widerfahren.*

Das ist unsere Gewißheit, und darauf hoffte Ingo. Er hatte Blasenkrebs und war bereits drei- oder viermal operiert worden. Jedesmal hatten ihm die Ärzte gesagt: «So, nun ist alles in Ordnung.»

Aber das stimmte nicht, hernach ist dieser Krebs immer wieder neu aufgetreten, so daß Ingo etliche Strahlenbehandlungen und Chemotherapien durchstehen mußte. Es ist schon grausam, wie dieser Mann leiden mußte. Die Blase hatte man ihm schon entfernt, er hatte einen künstlichen Ausgang, und aufgrund der vielen Chemotherapien litt er unter ständigem Erbrechen. Trotzdem nahm er am Gebetsseminar teil, weil er einfach mehr über Jesus und das Gebet lernen wollte.

Als ich im letzten Teil über Schocks sprach, funkte es bei ihm. Ganz erschrocken stellte er fest, daß auch er durch mehrere Schocks gebunden war. Diese verkrampften sein Inneres derart, daß er auch nachts keine Ruhe fand. Wir legten diese Schocks im Gebet Jesus hin, der nun wirklich einen Schock nach dem anderen löste. Ingo sagte sich Punkt für Punkt davon los und wurde frei.

In dieser Nacht schlief er zum erstenmal seit Jahren ganz ruhig und friedlich. Doch eine spezifische Situation, die ihn sehr belastete, war ihm noch vor Augen gestellt worden. Am 4. Dezember 1997 war die schwerste Operation gewesen. Da man sie an einem einzigen Tag gar nicht schaffen konnte, wurde sie unterbrochen und am nächsten Tag zu Ende geführt. Danach kam Ingo auf die Intensivstation. Schon während der Operation wurde er von Mächten angegriffen, die ihn unbeschreiblich quälten, und auf der Intensivstation trieben sie weiter ihr Spiel mit ihm.

Dieser Mann ohne Bewußtsein erlebte, wie die Mächte ihn bedrängten; ja, sie würgten ihn, lähmten ihn. Er fühlte sich ganz und gar gefesselt und in ihrer Gewalt. Er soll immer nur Jesus angerufen haben. Als er nach Tagen erwachte, konnte er weder sprechen noch sich irgendwie bewegen. Er war vollständig gelähmt. Als seine Frau die Ärzte um Hilfe anflehte, sagten diese nur: «Ach, das hat keinen Zweck mehr. Er wird sowieso innerhalb der nächsten Woche sterben.»

Was war das für ein Schock für ihn! Da lag er nun völlig hilflos, allein gelassen, und dann diese

Aussage. In ihm schrie nur alles: «Herr, wo bist du? Bitte erbarme dich meiner, hilf!»

Doch entgegen allen Aussagen der Ärzte überlebte er die Operation und erholte sich mühsam. Bei einem weiteren Gespräch mit den Ärzten sagten diese seiner Frau, daß ihr Mann nur noch ein Jahr zu leben habe. Die Operation war, wie gesagt, am 4. Dezember 1997. Können Sie sich vorstellen, mit welchen Ängsten die beiden dem 4. Dezember 1998 entgegenblickten? Tag für Tag rückte dieser Termin näher. Meine Begegnung mit Ingo und seiner Frau war Anfang Oktober 1998. Zwei Monate noch bis zum 4. Dezember … Die Angst schnürte ihnen die Kehle zu. Dieses Datum schwebte wie ein Damoklesschwert über ihnen: «Zwei Monate noch, dann bin ich tot.» Sie zitterten diesem Tag voller Entsetzen entgegen.

Da konnte nur noch Jesus helfen. Diese beiden Ereignisse mußten vor ihn gebracht werden. Nur Er konnte das Ehepaar aus diesen Fesseln befreien. Als erstes banden wir den Schock, der Ingo während der Operation und auf der Intensivstation so gepackt hatte, im Namen Jesu: Er möge die Fesseln zerstören, die ihn heute noch gefangenhielten, und Ingos Unterbewußtsein, sein Herz, seine Seele und seine Erinnerungen davon befreien und reinigen. Er möge ihn aus allen Bindungen und jeglicher Verkrampfung wirklich lösen.

Als zweites baten wir Jesus, die negative Prophetie der Ärzte, daß Ingo nur noch bis zum 4. Dezember 1998 eine Lebenschance habe, zu zerstören und ihn auch von diesem Fluch zu befreien. Er sagte sich von allen Bindungen los, und dieser Fluch wurde im Namen Jesu Christi widerrufen. Nun hatte er keine Gültigkeit mehr, und es bewahrheitete sich: Jesus ist der Stärkere. Ingo und seine Frau wurden frei. Sie spürten es. Ingos Leben lag ganz in Jesu Hand, das wußte er genau, und wird nun nicht mehr durch diese Prophetie der Ärzte beeinflußt.

Inzwischen sind Monate vergangen. Längst ist der 4. Dezember 1998 verstrichen, und Ingo lebt immer noch. Es geht ihm nicht gut, er hat starke Schmerzen und viele andere Beschwerden, aber ich bete täglich für ihn. Ingo weiß, der Herr kennt seinen Weg und hat ihm tiefen Frieden geschenkt. Er ist dankbar, daß Jesus ihn frei gemacht hat von allen Angriffen der Mächte, aber auch von allen Bindungen und Flüchen, in die er verstrickt war. So ist er ganz in Jesus Christus geborgen. Dafür sind wir unendlich dankbar. Wie gut ist es, daß wir wissen: Jesus ist der absolute Herr. Er ist immer stärker als alle Feinde, auch wenn sie uns noch so sehr angreifen und versuchen wollen. Er läßt uns nicht aus seinen Augen, Er ist der wahre Herr über alles, was sich regt und lebt im Himmel, auf der Erde und unter der Erde. Das ist unsere Gewißheit.

Aus diesem Grund rief mich auch Herr B. an, ob ich wohl zu ihm und seiner Frau nach Garmisch Partenkirchen kommen könnte. Es geschahen in ihrem Haus merkwürdige, erschreckende Dinge. Sie lebten wirklich voller Angst und waren sehr verunsichert, weil sich immer wieder auf unerklärliche Weise etwas Übernatürliches ereignete. Ich hatte in einer Stadt auf halber Strecke ein Seminar abzuhalten. So fügte es sich, daß Herr B. mich dort abholte und ich mit ihm nach Garmisch Partenkirchen fuhr. Während der Fahrt erzählte er.

Das Haus, in dem sie wohnten, war auf einem Grundstück erbaut, auf dem früher ein Friedhof gewesen war. Ebenfalls soll sich dort eine Hinrichtungsstätte mit einem Galgen befunden haben, an dem etliche Menschen gehängt worden waren. Was für eine Lage! Mich schauderte, als ich das hörte, und ich wunderte mich überhaupt nicht mehr, daß es dort im Hause sehr unheimlich sein sollte. Das Grundstück und die Gegend wurden im Volksmund «Teufelsgrund» genannt. Ich denke, das sagt alles. Das Haus selbst lag wunderschön etwas außerhalb der Stadt, von viel Wald umgeben. Hinter dem Haus fiel das Gelände wie eine Schlucht ab. Herrliche Spaziergänge konnte man dort machen, doch im Haus selbst herrschte die Angst.

Frau B. wagte überhaupt nicht mehr, in den Keller zu gehen. Sie spürte, da waren Mächte, die ihr Unwesen trieben. Als sie einmal in der offenen Kellertür stand, um den Hund hinauszulassen, war es ihr, als wenn ein scharfer Gegenstand wie ein Schwert an ihrem Ohr vorbeizischte. «Was war das?» Entsetzen packte sie. Sie war zu Tode erschrocken. Sie wagte kaum, sich zu rühren oder sich umzudrehen, obgleich nichts zu sehen war. Aber sie wußte sofort: Das war ein Angriff des Feindes. Seitdem wagte sie kaum mehr in den Keller hinunterzugehen und war stets voller Angst. Das Hinuntersteigen überließ sie lieber ihrem Mann, doch auch dem erging es nicht anders. Als er einmal im Heizungskeller war, hatte er ein Erlebnis, das ihm fast die Luft abschnürte. Vor seinem inneren Auge sah er, wie dort eine junge Frau zu Tode gefoltert wurde. Hautnah erlebte er mit, wie sie litt und schrie. Er spürte, wie sie gequält wurde. Das nackte Entsetzen packte ihn, er war wie in Trance und konnte sich aus diesem Zustand lange überhaupt nicht lösen.

Nein, so konnte man in diesem Hause nicht weiterleben. Auch die Katze Susi, die eigentlich im Keller einen freien Ausgang nach draußen hatte, ging nicht mehr hinunter. Ängstlich und zitternd stand sie oben an der Treppe, wandte sich dann schnell wieder ab und lief wie gehetzt aus dem Haus hinaus. Sie blieb längere Zeit, oft tagelang, gänzlich verschwunden. Tiere sind ja noch viel sensibler für solche überirdischen Mächte. Nein, so ging es wirklich nicht weiter. So fand das Ehepaar dort keinen Frieden mehr. Um mit diesen Mächten den Kampf aufzunehmen, war ich folglich dorthin geholt worden (Epheser 6,12). Dazu möchte ich ausdrücklich (!) betonen, daß man sich *nie* allein und ungeschützt in solche Aufgaben stürzen darf. Deshalb informiere ich in solchen Fällen immer eine Betermannschaft, die uns während eines solchen Einsatzes im Gebet unterstützt. Solche Einsätze kann man wirklich nur mit fest im Glauben stehenden Betern durchführen, da man sonst gar zu leicht selbst angegriffen werden kann. Denn wir haben ja nicht mit Fleisch und Blut zu kämpfen, sondern mit Mächtigen und Gewaltigen, nämlich mit den Herren der Welt, die in dieser Finsternis herrschen, mit den bösen Geistern unter dem Himmel.

Wir nahmen gleich nach unserer Ankunft den Kampf auf. Wir stellten – wie immer – uns alle und unsere Angehörigen unter den Schutz des Blutes Jesu. Dann begannen wir draußen vor dem Haus auf dem Grundstück und hinten auf der Terrasse zu beten. Wir geboten im Namen Jesu Christi allen

Mächten des Todes, des Mordes, ja allem, was sich von Alters her dort eingenistet hatte*, zu weichen und dorthin zu gehen, wo Jesus ihnen den Platz zuweisen würde. Jesus ist der Herr. Er hat sie besiegt, und in seinem Namen mußten sie jetzt dieses Grundstück verlassen. Dann gingen wir in den Keller. Es war deutlich spürbar, was für eine Dunkelheit da herrschte. In jedem einzelnen Kellerraum, ja, sogar in den Nischen, beteten wir. Wir geboten allen Mächten der Finsternis, die sich dort verkrochen hatten und ungehindert ihr Unwesen trieben, im Namen Jesu, endgültig zu verschwinden. Dann konnten wir voller Freude beten, Gott danken und seinen Sieg ausrufen. Wir waren sicher, Jesus würde seine Engel um das Haus stellen, Fenster und Türen bewachen, so daß keine Macht mehr eindringen konnte. Alle Räume stellten wir unter seine Herrschaft.

Aber da war ja noch der Brunnen. Ein gefährliches Objekt. Wegen der einsamen Lage des Hau-

---

* Das «Lexikon zur Bibel» von Fritz Rienecker (R. Brockhaus Verlag Wuppertal) schreibt zu solchen «eingenisteten Mächten»: **Feldgeist, Feldteufel.** Das hebräische Wort *sair*, «haarig, zottig», das die Lutherübersetzung mit Feldgeist und Feldteufel übersetzt, bezieht sich auf dämonische Wesen, die in den Ruinen Babels (Jesaja 13,21) und in den Überresten der Städte Edoms (Jesaja 34,14) hausen. In 3. Mose 17,7 und 2. Chronik 11,15 sind sie Gegenstand abgöttischer Verehrung der Israeliten, und die im freien Feld geschlachteten Tiere gelten als ihnen dargebrachte Opfer. Entweder handelt es sich in all diesen Stellen um Götzen, die die Gestalt eines Bockes hatten, oder, was wahrscheinlicher ist, um dämonische Wesen. Das letzte wird nahegelegt durch Offenbarung 18,2, wo Jesaja 13,21 zitiert und nach der LXX [Septuaginta; die griechische Übersetzung des Alten Testaments] ‹Dämonen› (Lutherübersetzung: Teufel) für Feldgeist gesetzt wird.

ses war die Wasserleitung nicht an die allgemeine Wasserversorgung angeschlossen, sondern das Haus hatte einen eigenen Brunnen. In seinem Wasser befanden sich viele Bakterien, und es war ein erhöhter Kadmiumgehalt festgestellt worden. Unter dem Grundstück hatte sich früher eine Silbermine befunden, und beim Abbau des Silbers aus dem Erz entsteht Kadmium sozusagen als Schlacke. Das fand sich hier im Wasser wieder und verseuchte es. Was war das für ein Gebetsanliegen für uns – da konnte wirklich nur noch Jesus helfen. So baten wir ihn, diesen Brunnen doch zu reinigen, die Bakterien abzutöten und das Kadmium, dieses Gift, unschädlich zu machen. Wir beriefen uns dabei auf die Stelle Markus 16,18: *Wenn sie etwas Tödliches trinken, wird's ihnen nicht schaden.*

Wir waren uns ganz sicher, daß Jesus eingreifen, dieses Wasser reinigen und zu einer lebendigen Quelle umwandeln würde. Nachdem wir Jesus gebeten hatten, all diese Räume einzunehmen und mit seinem Frieden zu erfüllen, gingen wir hinauf in den Wohnbereich und sogar auf den Boden, damit der Feind auch nicht die geringste Möglichkeit mehr hatte, sich noch irgendwo zu verkriechen. Wir wissen ja, in Epheser 6,11 und 12 steht: *Zieht an die Waffenrüstung Gottes, daß ihr bestehen könnt gegen die listigen Anläufe des Teufels. Denn wir haben nicht mit Fleisch und Blut zu kämpfen, sondern mit Mächtigen und Gewaltigen, nämlich mit den Herren der Welt, die in dieser Finsternis herrschen, mit den bösen Geistern unter dem Himmel.*

Das hatten wir erfahren. Deshalb ließen wir auch keinen Raum im ganzen Haus aus, um dort im Namen Jesu Christi die Mächte zu vertreiben. Dann baten wir Jesus, es vollständig in Besitz zu nehmen, ja, es mit seiner ganzen Herrlichkeit zu erfüllen. So dankten wir Jesus für alles, was Er schon getan hatte und was Er auch in Zukunft tun würde, und legten seinen Segen auf die Bewohner und ihr Haus. Danach konnten wir nur noch freudig Jesu Sieg darüber aussprechen.

Natürlich strengt so ein stundenlanger Kampf an und fordert viel Kraft. Deshalb setzten wir uns anschließend ein wenig zur Ruhe, doch es geschah noch etwas Wunderbares.

Die Katze Susi, die sich sonst nur zitternd und sehr wachsam in diesem Haus bewegt hatte und vor jedem Fremden sowieso ängstlich floh, kam vertrauensvoll zu uns, akzeptierte mich gleich als zur Familie gehörig, legte sich genüßlich in ihr Körbchen und schnurrte behaglich vor sich hin. Ein Bild des tiefsten Wohlbefindens. Man merkte ihr an, jetzt fühlte sie sich sicher und geborgen.

Ja, dieses Haus war nun von tiefstem Frieden erfüllt, die Dunkelheit war gewichen, es war ganz frei und hell geworden. Das Ehepaar B. kann seitdem ohne Bedenken, ohne Angst vor mysteriösen Erscheinungen in den Keller gehen. Ja, es ist eine Freude, wie Jesus da gewirkt hat. Er ist wirklich der unangefochtene Herr in diesem Hause. Ihm allein sei Dank und alle Ehre!

Gibt es nach all diesen Begebenheiten, die ich geschildert habe, auch nur noch den geringsten Zweifel an der Gegenwart Jesu? Ich kann es mir nicht vorstellen. Er ist doch wirklich immer da. Diesem Herrn zu dienen und bereit zu sein, sich als Werkzeug benutzen zu lassen, das ist das Schönste, was es für mich gibt. Seine Vielseitigkeit und seine Wunder faszinieren mich täglich aufs neue.

Das interessierte auch die Moderatorin eines Rundfunksenders hier in Schleswig-Holstein, die in einer Zeitschrift einen Bericht über mich gelesen hatte. Sie rief mich an und bat um ein Interview. Zur verabredeten Zeit trafen wir uns bei mir zu Hause zu einer Tasse Kaffee.

«Berufsbeterin?» fragte sie. Das war etwas völlig Neues für sie, etwas Ungewöhnliches. Davon hatte sie noch nie etwas gehört.

«Doch», durfte ich ihr sagen, «das ist der interessanteste, aufregendste Beruf, den ich mir vorstellen kann, viel faszinierender als vorher meine Geigerei. Ich bin Gott unendlich dankbar, daß Er mich in diesen Dienst gerufen hat.»

Sie konnte es kaum fassen. «Es geschehen heute wirklich noch Wunder?» fragte sie zweifelnd.

«Ja», sagte ich, «ich selbst kann es natürlich nicht tun, aber wenn wir zu Gott beten, hört Er. *Wie* Er allerdings eingreift, das ist seine Sache, das liegt nicht in meiner Hand. Aber ich weiß, daß Er immer so handelt, wie es am besten für uns ist.»

«Und das machen Sie etwa alles umsonst?» fragte sie. «Ich habe gehört, Sie nehmen kein Geld? Stimmt das?»

«Aber ja», erwiderte ich. «Jesus hat uns doch in Matthäus 10,8 gesagt: *Umsonst habt ihr's empfangen, umsonst gebt es auch.* Ich würde mich hüten, dafür Geld anzunehmen. Nein, das ist nicht in Gottes Sinn.»

«Aber wie wäre es mit einem Geschenk?» fragte sie.

Ich erschrak. Auf diese Frage war ich nicht vorbereitet, weil ich nur ungern Geschenke annehme. Daher sagte ich zögernd: «Eigentlich nicht, aber um was geht es denn?»

144

Sie schaute mich lachend an: «Wir vom Sender wollen Ihnen gerne ein Apfelbäumchen schenken. Was halten Sie davon?»

Ich war völlig überrascht. Das hatte ich nicht erwartet.

«Ein Apfelbäumchen? Was ist das für eine großartige Idee! Da sage ich nicht nein, das pflanze ich in meinen Garten. Darüber kann ich mich von ganzem Herzen freuen.»

So etwas hatte mir noch niemand geschenkt. Wir beteten noch miteinander, und ich stellte sie für den Heimweg unter Gottes Schutz. Danach verabschiedete sie sich strahlend.

«Wissen Sie, am liebsten würde ich ja bis heute nacht um zwölf bei Ihnen bleiben. Es ist so interessant, Ihnen zuzuhören. Doch ich muß nach Hause. Ich komme aber bald wieder mit dem Apfelbäumchen.»

So fuhr sie weg. Es war eine gute Begegnung. Wir wußten beide, Jesus war der dritte im Bunde gewesen. Sie hatte mir noch erzählt, daß die Verleihung des Apfelbäumchens jeweils am Sonntag vormittag im Radio übertragen wurde. Mein Apfelbäumchen sollte erst am übernächsten Sonntag zum Thema werden, aber nun war ich neugierig geworden. Ich dachte, da muß ich doch mal sehen, wie so etwas vor sich geht. Ich hörte also am nächsten Sonntag diese Radiosendung.

Was dann allerdings geschah, war so verblüffend für mich, daß ich Ihnen diese Ankündigung einfach wiedergeben muß.

Da hörte ich, wie diese Moderatorin – für mich völlig unvermutet – plötzlich berichtete: «Ging Ihnen das in der letzten Woche etwa auch so wie mir? Ich weiß gar nicht, woher das immer kommt, aber ich war müde, so müde. Vorgestern ging es mir genauso. Ich mußte nach Itzehoe zu einer Frau, die Berufsbeterin ist. Ich wollte ein Interview mit ihr machen. Auf dem Weg dahin fielen mir schon die ganze Zeit die Augen zu. Ach, wenn ich doch bloß eine Tasse Kaffee hätte, aber nein, dann würde ich zu spät kommen. Also rasch hinein zu ihr, schnell das Interview machen und dann wieder weg, ab nach Hause. Ich klingelte also an der Tür, und eine große, blonde Frau öffnete mir und bat mich in das Zimmer hinein. Siehe da, es standen Kaffee und Kekse auf dem Tisch. Sie erzählte dann, warum die Leute bei ihr anrufen und mit ihr am Telefon beten. Nach einer Weile hatte ich auch alles aufgenommen und wollte gerade ‹Tschüß› sagen, als diese Frau zu mir sagte: ‹Wollen wir beide nicht auch noch beten?› Ich wußte gar nicht, was ich sagen sollte, und stotterte so zögernd herum: ‹Och ja, warum nicht.› So saßen zwei Frauen, die sich vorher gar nicht kannten, zusammen im Zimmer und beteten für unsere Situation und für mich persönlich. Sie hatte sicher gemerkt, daß ich so müde und kaputt war. Darum betete sie, daß Gott mich bewahren möchte, daß ich im Auto nicht einschlafe und gesund nach Hause kommen würde. Ich *bin* heil und gesund nach Hause gekommen. Ob das das Gebet gemacht hat? Das weiß ich auch nicht, aber daß ich mich auf dem Weg nach Hause so wohl gefühlt habe, so wie ein neuer Mensch, das hat ganz gewiß etwas mit dem Gebet zu tun und eben auch damit, daß da ein Mensch gewesen ist, der, gerade so wie Gott, mich leiden mochte und den Wunsch hatte, daß es mir gutgeht.»

Das war die Vorankündigung für das Interview, das eine Woche später gesendet werden sollte. Ich fand das so köstlich, daß ich in schallendes Gelächter ausbrach – allein in meiner Küche, morgens beim Frühstück. Aber solche Wege gebraucht der Herr, um Menschen wachzurütteln aus ihrem Schlaf und aus der Trägheit, in der sich so viele befinden. Mögen sie doch erkennen, daß es ihnen genauso ergehen kann wie dieser Moderatorin, die vor Müdigkeit ganz lustlos war und dann doch so voller Freude die Botschaft annahm und durch das Gebet gestärkt wurde.

Bald darauf kam sie und brachte das Apfelbäumchen. Ich freute mich sehr, denn mir stand Luther vor Augen, der gesagt haben soll: *Wenn ich wüßte, morgen würde die Welt untergehen, so würde ich heute noch ein Apfelbäumchen pflanzen.*

So, denke ich, soll auch dieses Apfelbäumchen ein Zeichen dafür sein, daß Gottes Geduld mit uns noch kein Ende hat und Er uns immer noch Gnadenzeit schenkt, um Menschen zu retten.

Wir pflanzten es mitten auf den Rasen in meinem Garten. Jeden Morgen kann ich mich nun darüber freuen.

Inwischen sind einige Monate vergangen. Der Frühling kam, und jeder sagte: «Du wirst vier bis fünf Jahre warten müssen, bis dein Bäumchen blüht. Das sind zumindest unsere Erfahrungen.» Aber – bei Gott ist eben so vieles anders!

Was keiner vermutet hatte, das Apfelbäumchen stand im April in voller Blüte. Wir waren so erfreut darüber, daß wir die Blüten fotografierten und der Moderatorin als Zeichen für Gottes Segen ein Bild der Serie schickten. Sie war begeistert und heftete es gleich an die Pinwand der Redaktion. Aber nicht nur das; zu unserem großen Erstaunen entwickelten sich drei kleine Äpfelchen. Zwei sind leider inzwischen abgefallen, doch der dritte Apfel ist ein besonders schönes Exemplar. Wohlriechend und rotbackig hängt er zwischen den grünen Blättern und ist mittlerweile größer als ein Tennisball. Den werde ich der Moderatorin schicken, als Dankeschön und als Zeichen der Liebe unseres großen Gottes. Ja, so ist das Leben unter seinen Augen!

Ich muß gestehen, ich möchte mit keinem Menschen tauschen, trotz meiner Krankheit, trotz meiner Blindheit. Was ist das für eine Gnade, daß Gott mich zu sich hingezogen hat und mich unendlich reich macht in Jesus und durch Jesus.

Es ist wirklich mein Herzenswunsch, daß dieses Buch vielen zur Hilfe wird, Gott zu finden. Daß sie erkennen, Jesus ist immer da und leitet auch sie mit seinen Augen, selbst wenn wir es nicht spüren und wahrhaben wollen. Gott wartet nur darauf, daß wir umkehren zu ihm und seine ausgestreckten Hände ergreifen. Er will auch Sie retten.

So kann ich nur bitten, daß diese Berichte dazu anregen, über schwierige Situationen im eigenen Leben nachzudenken und zu erkennen: Ja, auch *mich* leitete Gott mit seinen Augen. Auf mich wartet Er.

Mögen durch diese Lektüre viele Menschen den Weg der Rettung finden. Ich bin sicher, Gott wird sie segnen.

Ich danke Jesus von ganzem Herzen, daß Er mich mein ganzes Leben lang nicht losgelassen hat und mir in unendlicher Geduld immer wieder nachgegangen ist.

Dafür soll dieses Buch ein Zeugnis sein, und allein zu Seiner Ehre und zu Seiner Verherrlichung soll es dienen.

Von derselben Autorin weiterhin lieferbar:

Helga Anton
Beten wirkt Wunder

Taschenbuch, 144 Seiten
Best.-Nr. 113.623

Helga Anton, «hauptberufliche Beterin», erzählt, wie sie in ihrer Kirchengemeinde in Itzehoe zu dieser außergewöhnlichen Berufung gekommen ist und was sie seither im Gebetsdienst erlebt hat. Mit großer Ehrlichkeit berichtet sie von Siegen und Niederlagen, von menschlichen Schicksalen und von Freudentagen, an denen Gebete Wunder wirkten.

Helga Anton ermutigt Christen zum Beten, glauben diese doch an einen Gott, der Gebet erhört — nicht immer unseren Wünschen entsprechend, aber immer gut und heilsam.

Brunnen Verlag · Basel und Gießen

Der rotbackige Apfel zwischen grünen Blättern im Juli 1999 – ein Zeichen der Liebe unseres großen Gottes (siehe «Apfelbäumchen-Story» mit der Moderatorin eines Rundfunksenders in Schleswig-Holstein, Seiten 144 bis 148).

Bild: Copyright by Helga Anton

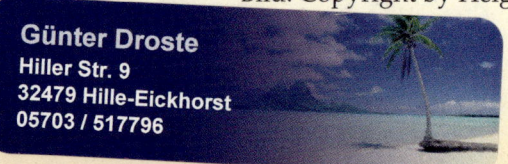

Günter Droste
Hiller Str. 9
32479 Hille-Eickhorst
05703 / 517796